Bildnis der Arbeit

Andreas Schulz

Bildnis der Arbeit

Emotionen, Werte und Einstellungen zur Integration: Eine Mixed Methods-Untersuchung zur Repräsentation und Wahrnehmung des visuellen Arbeitsmarktdiskurses in österreichischen Medien

PETER LANG

Bibliografische Information der Deutschen Nationalbibliothek
Die Deutsche Nationalbibliothek verzeichnet diese Publikation in der Deutschen Nationalbibliografie; detaillierte bibliografische Daten sind im Internet über http://dnb.d-nb.de abrufbar.

ISBN 978-3-631-80386-8
E-ISBN 978-3-631-80382-0
E-ISBN 978-3-631-80383-7
E-ISBN 978-3-631-80384-4
DOI 10.3726/b16222

Peter Lang – Berlin · Bern · Bruxelles · New York · Oxford · Warszawa · Wien

Diese Publikation wurde begutachtet.

www.peterlang.com

Inhaltverzeichnis

ABKÜRZUNGSVERZEICHNIS

AMS	Arbeitsmarktservice Österreich
APA	Austrian Press Agency
EU	Europäische Union
FPÖ	Freiheitliche Partei Österreichs
KrZ	Kronen Zeitung
NAV	Normalarbeitsverhältnis
ÖVP	Österreichische Volkspartei
PANAS	Positive and Negative Affect Schedule
SPÖ	Sozialdemokratische Partei Österreichs
VG	Versuchsgruppe
WDA	Wissenssoziologische Diskursanalyse (nach Keller)
WKÖ	Wirtschaftskammer Österreich

ABBILDUNGS- und TABELLENVERZEICHNIS

I EINLEITUNG

„Unsere Gesellschaft ist gespalten und die Welt ist aus den Fugen geraten – über diese Feststellung herrscht fast Einigkeit. Einigkeit wird selten erreicht und dies ist sehr bemerkenswert.“ (El-Mafaalani 2018: 13)[1]

„Sie [die Medien, die die größte Reichweite haben, Anm. A.S.] geben damit den Ton dessen an, was sagbar ist. Es war, wie bei so vielem, in der letzten Zeit die Flüchtlingsfrage, die den Aufhänger dafür geliefert hat, wie selektiv Medien über die Gesellschaft berichten.“ (Nassehi 2018a: 4)

1.1 Prolog

Besonders die rezente humanitäre Krise stellt für Europa eine der kritischsten Entwicklungen seit dem Ende des kalten Krieges dar (vgl. Dell'Orto 2019: 216). Diese betreffen im Kern den gesellschaftlichen Zusammenhalt, wie beispielsweise die kontrovers geführte Debatte über Zuwanderung und den vermeintlichen Wertewandel verdeutlicht (vgl. Verwiebe et al. 2019: 260). Journalist*innen spielen in der Bereitstellung und Verbreitung von Nachrichten und der Analyse von Dynamiken, die für die Öffentlichkeiten von Interesse sind, eine zentrale Rolle (vgl. ebd.). Ausgehend von einem normativen Standard für eine „adäquate“ Berichterstattung in einem demokratischen politischen System (vgl. Althaus 2012)[2], ist der Umgang mit polarisierenden Themen, wie die der „Flüchtlingskrise“,

1 Dieser Satz leitet das populärwissenschaftliche Buch „Das Integrationsparadox“ (2018) des Münsteraner Soziologen Aladin El-Mafaalani ein. Die Grundaussage der Polarisierung der Gesellschaft findet sich auch im Österreichischen Diskurs wieder (vgl. Der Standard 2018; vgl. Kreppel 2018). Besonders wenn es um Themen wie die Integration von Flüchtlingen geht. Das im Volkstheater 2018 wiederaufgenommene Theaterstück „Gutmenschen“ der austro-israelischen Autorin und Regisseurin Yael Ronen bringt dies gelungen zum Ausdruck (vgl. Volkstheater 2018).

2 Innerhalb der politischen Theorie und im Besonderen in der politischen Kommunikationsforschung gibt es seit einer Dekade eine verstärkte Diskussion über den normativen Anspruch, welche Kriterien die Berichterstattung erfüllen sollte. In Anlehnung an demokratietheoretische Modelle, wie dem Republikanischen, dem Pluralen und dem Elitären, diskutiert Louis Althaus die normativen Ansprüche und Funktionen, die die jeweiligen Nachrichtenberichterstattungen zu erfüllen haben, sowie den Wert,

essentiell für einen ausgewogenen und sachlichen gesellschaftlichen Diskurs. Einer Analyse der *APA-DeFacto* zufolge dominierte das Thema *Flucht und Asyl* die 2018er Berichterstattung in den österreichischen Print- und Onlinemedien erneut mit 26.788 Meldungen (vgl. APA 2018). 2017 waren es noch 30.516 Beiträgen und damit ein deutlich präsenteres Thema als die Nationalratswahl oder die Berichterstattungen um den designierten US-Präsidenten Donald Trump (vgl. Tiroler Tageszeitung 2017; vgl. Kleine Zeitung 2017). Bei den medialen Berichterstattungen im deutschsprachigen Raum überwiegen hierbei, wie eine Medienanalyse von Petra Hemmelmann und Susanne Wegner (2016) zeigt, eine zunächst stereotypisierte Darstellung über anonyme Massen, Warteschlangen vor Asylunterkünften und Debatten über sogenannte „Wirtschaftsflüchtlinge" (vgl. vom Orde 2016: 12; vgl. Wodak 2018). Flüchtlinge werden medial überwiegend als Problem definiert (vgl. Sponholz 2016: 379; Berry et al. 2015). Dieser konstatierte mediale Bias lässt sich auch für die visuelle Repräsentation in den Medien festhalten und steht unlängst zur Kritik (vgl. Schulze 2017: 29ff.). Hierbei sind es oftmals simplifizierende Visualisierungen, um die Aufmerksamkeit der Medienrezipient*innen zu gewinnen (vgl. Altvatter et al. 2017: 219). Dabei haben die Objektivierungen und „Entmenschlichungen" von Flüchtlingen[3] (vgl. Sauer 2017; vgl. Esses et al. 2017) als Repräsentationen einen Einfluss

---

den dieser Kriterienkatalog für eine empirische Analyse von Nachrichten haben kann (siehe dazu Althaus 2012; vgl. Blumler/Cushion 2014).

3 In dieser Arbeit werden die Begriffe „Flüchtlinge" und „Geflüchtete" synonym verwendet. Dass sich aus den Begrifflichkeiten und dem Umgang mit ihnen Probleme ergeben, soll an dieser Stelle hervorgehoben werden. Für eine ausgewogene Diskussion der Begriffe siehe unter anderem Goldmann 2018. „Flucht wird üblicherweise als erzwungene Migration aus politischen Gründen im engeren Sinn definiert." (Düvel 2011: 36) Nach der Genfer Flüchtlingskonvention Artikel 1, Kapitel A, Absatz 2, ist ein Flüchtling eine Person, die „sich aus der begründeten Furcht vor Verfolgung wegen ihrer Rasse, Religion, Nationalität, Zugehörigkeit zu einer bestimmten sozialen Gruppe oder wegen ihrer politischen Überzeugung […] außerhalb des Landes befindet, dessen Staatsangehörigkeit sie besitzt." (Zit. in. Zwengel 2018: 18; vgl. Verwiebe et al. 2018a: 229) Im Nachfolgenden soll unter den synonym gebrauchten Begriffen Flüchtlinge und Geflüchtete alle Personen verstanden werden, die a) asylberechtigt und damit „anerkannt sind" und somit Ansprüche auf Bleiberecht und Arbeit in Österreich haben, b) subsidiär Schutzberechtigte, deren Asylantrag „zwar mangels Verfolgung abgewiesen wurde, aber deren Leben oder Unversehrtheit im Herkunftsstaat bedroht sind", sowie c) alle nicht-schutzberechtigten Personen, die einen negativen Asylbescheid erhalten haben, aber als Schutzsuchende ihren Herkunftskontext verlassen haben (vgl. AMS 2016).

auf die soziale Rezeption (vgl. Chwiejda 2017: 236; vgl. Altvatter et al. 2017), da im Falle von nonverbaler Kommunikation die Interpretation der Kommunikationsempfänger*innen, anders als bei verbaler Kommunikation, keineswegs eindeutig ist (vgl. Maurer 2016: 6). Der Kommunikationswissenschaftler Heinz Bonfadelli betont, dass diese Form der stereotypisierten Berichterstattung mit einem negativen Bias Vorurteile kultivieren und Diskriminierungen von Migrant*innen hervorrufen beziehungsweise verstärken kann (vgl. Bonfadelli 2015: 7; kritisch: Hafez 2013: 214). Diese Vorurteile stehen im Zusammenhang mit Emotionen und können durch den Einfluss der (visuellen) Berichterstattung hervorgerufen werden (u. a. Altvatter et al. 2017; vgl. Lecheler et al. 2015: 816; vgl. Keil/Grau 2005: 8). Die psychologische Forschung im Bereich der politischen Kommunikation hat einen signifikanten Zusammenhang zwischen Emotionen und Werteeinstellungen ermitteln können (vgl. Kühne 2013), sodass sich die Frage eröffnet, inwiefern die visuellen Repräsentationen von geflüchteten Personen tatsächlich Einfluss auf die Emotions- und die Wertebildung von Konsument*innen von journalistischen Medien haben. So zeigen aktuelle Studien, wie die vom Soziologen Roland Verwiebe und Kolleg*innen (2018b), dass die Wahrnehmung von „Krisen", wie die der anhaltenden Fluchtmigration „des langen Sommers der Migration" 2015 (vgl. Arnold 2019: 129), medial und politisch vermittelt wird und kollektiv die Werte von gesellschaftlichen Teilen beeinflussen können (vgl. Verwiebe 2018b: 184; vgl. Lehner/Rheindorf 2019: 52).

Einerseits nehmen viele Europäer*innen die rezente Flüchtlingsbewegung als Bedrohung[4] wahr (vgl. Müller et al. 2017) und wenden sich aus Angst vor dem „sozialen Abstieg" sogenannten rechtspopulistischen Bewegungen und Parteien zu, die restriktive Positionen bezüglich humanitärer Migration vertreten (vgl. Faist 2018: 414). Vor allem, so betont die Migrationsforscherin Sina Arnold, „vermengten sich im öffentlichen Diskurs Fragen nach Einwanderung und religiöser Identität" (Arnold 2019: 129). Mit der Ankunft von geflüchteten Personen aus dem sogenannten Nahen und Mittleren Osten, und der damit assoziierten Wahrnehmung, dass viele Flüchtlinge einer „politischen und extremistischen Ideologie", *dem* Islam, angehören und hat sich das „Negativbild"

4 Die Kommunikationswissenschaftlerin Liriam Sponholz betont darüber hinaus, dass Flüchtlinge in den Medien innerhalb verschiedener Rahmen dargestellt werden. Eine besondere Rolle spielt die Rahmung der Bedrohung innerhalb der medialen Inszenierung (vgl. Sponholz 2016: 379).

durch die Medienberichterstattung der Verteilungsmedien zunehmend verstärkt (vgl. Müller et al. 2017: 139ff.).[5]

> "[...] the problem of migration is structurally and necessarily bound up with images. Migration is not merely content to be represented through images, but is a constructive feature of life, central to the ontology of images as such." (W. J. T. Mitchell zit. in Chwiejda 2018: 215)

Die Problematik der Repräsentation verläuft entlang der dichotomen Spannung zwischen „Eigenem" und vermeintlich „Fremden" (vgl. Kaulertz et al. 2017: 5) und führt durch die prägende Rolle der Medien (vgl. Goedeke Tort et al. 2016: 497; vgl. Scheufele/Gasteiger 2007: 535) einerseits zu einer Subalternität[6] (vgl. De la Rosa/Frank 2017: 50f.; vgl. Sauer 2017) und andererseits zu einer Exklusion der Geflüchteten von der Aufnahmegesellschaft (vgl. Bonfadelli 2015). Ähnlich wie in Deutschland sind die aktuellen Diskussionen „über Migration nicht vom Begriff der Integration zu trennen" (Wilke 2018: 27).

Da die *Issue*[7] der Fluchtmigration und der damit zusammenhängende Aspekte der Arbeitsmarktintegration von Geflüchteten von Seiten der politischen Akteur*innen thematisiert und unter anderem in Zeiten von Wahlkämpfen instrumentalisiert wird, ist es neben der Analyse der Berichterstattung unablässig den visuellen Diskurs mit zu betrachten,[8] da davon auszugehen ist, dass visuelle Informationen genauso wirkungsmächtig wie Textinformationen sind (vgl.

5 Die religiöse Identität von Flüchtlingen wurde bereits zu Beginn der rezenten humanitären Krise 2015 Teil des politischen und medialen Diskurses. „Dies ist nicht überraschend, da in den meisten Aufnahmeländern negative, zumeist diskriminierende und feindselige Einstellungen gegenüber Muslim*innen vorherrschen." (Buber-Ennser et al. 2016: 18)

6 Der Begriff der *Subalternität* verweist auf eine „gänzlich fehlende Autorität zu sprechen und gehört zu werden, das heißt einen Mangel an Geltung für die Äußerungen der Subalternen" (De la Rosa/Frank 2017: 50; vgl. Spivak 2008).

7 Welche Rolle Themen wie Flüchtlinge im Kontext eines gesellschaftlichen Diskurses spielen ist eine Frage der öffentlichen Agenda. Diese besteht weniger aus Themen, sondern aus öffentlichen Streitfragen oder besser *Issues* (vgl. Sponholz 2016: 373), da „[a]nders als ein ‚Thema' ein ‚Issue' von der Idee von Dissens, Problem oder Auseinandersetzung nicht zu trennen [ist]." (ebd.) Dabei werden Themen, als Gegenstand von Thematisierung, und *Issues* als Produkt einer Problematisierung oftmals irrtümlicherweise gleichgesetzt. In dieser Arbeit geht es um die Issue der Arbeitsmarktintegration von Flüchtlingen und der Thematisierung einzelner Aspekte, die in die Issue einwirken.

8 Wie der Bildungswissenschaftler Paul Mecheril festhält, liegt die normative Kraft dieses Diskurses darin begründet, dass die negativen Narrative über gescheiterte oder verweigerte Integration, „aus der sich immer wiederholenden und mit disziplinierenden Maßnahmen untermauerte Integrationsaufforderungen ableiten lassen" (Wilke 2018: 28).

Boomgaarden et al. 2016: 2529). Diese Annahme leitet sich durch die Erkenntnis ab, dass die Rezeption von Nachrichten nicht mehr linear-sukzessiv stattfindet, sondern simultan und multiperspektivisch (vgl. Sauer 2017: 261; für die visuelle Inszenierung über Politik in den Medien vgl. Maurer 2016). Da Medienrealitäten mit konstruieren und über ihren Beitrag zur öffentlichen Meinungs- und Wertebildung auch die „Lebenswirklichkeiten von Flüchtlingen [...] unmittelbar mit beeinflussen" (Prinzing et al. 2018: 13f.), stellt die Art der Berichterstattung eine ethische Frage dar, die immer wieder neu diskutiert und verhandelt werden muss (vgl. ebd.). Weil insbesondere in den Bereichen, in denen gesellschaftliche Phänomene nur unzureichend aus einem disziplinären fachwissenschaftlichen Blickwinkel betrachtet werden (können), wie es im Falle von Fluchtmigration häufig der Fall ist (vgl. Binder 2017: 124), soll ein Mixed Method Design (vgl. Flick 2005) helfen, die „große politische Verantwortung, die der Auseinandersetzung [...] mit Flüchtlingen innewohnt" (Binder 2017: 124), zu bewältigen.

1.2 Struktur des vorliegenden Bandes

Aufgrund der Komplexität der innewohnenden Problematik der Issue müssen zunächst Schlüsselereignisse der sogenannten „Flüchtlingsproblematik" in Österreich identifiziert werden, um einen kontextuellen Rahmen zu definieren. Im Folgenden sollen daher Schlüsselereignisse der Jahre 2015 bis einschließlich August 2018 kursorisch vorgestellt werden (Abschnitt 1.3), die wesentliche zeithistorische Marker für die Integration von Flüchtlingen in Österreich darstellen. Diese Schlüsselereignisse stellen politische Umbrüche wie Wahlen oder Verabschiedungen von arbeitspolitischen Maßnahmen dar. Im Kontext dieser Ereignisse wurden die Issues medial gerahmt und aufgearbeitet. Anhand dieser kurzen Auswahl soll exemplarisch, mit keinem Anspruch auf Vollständigkeit, der Diskurs um die Arbeitsmarktintegration von Flüchtlingen der letzten Jahre skizziert werden (Abschnitt 1.4). Im Anschluss daran wird ein kurzer allgemeiner Abriss der Arbeitsmarktintegration von Flüchtlingen in Österreich vorgestellt, um darauf aufbauend Einstellungen der Österreicher*innen (Abschnitt 1.5) bezüglich der Thematik zu benennen. Daran anschließend wird der Stand der Forschung zur visuellen Repräsentation von Flüchtlingen vorgestellt und durch rezente Forschungen im Bereich der Vorurteilsforschung und sozialwissenschaftlichen Experimentalforschung hinsichtlich der Issue *Flüchtlinge* erweitert (Abschnitt 1.6). Forschungsfragen sowie das Ziel der Forschung runden das einleitende Kapitel I ab.

Da es sich anhand der forschungsleitenden Fragen anbietet methodisch sowohl qualitativ als auch quantitativ zu arbeiten werden im Kapitel II zunächst theoretische Grundlagen der Theorien Triangulation vorgestellt (Abschnitt 2.1). Hierfür liefern die Grundlagen der Wertetheorien, der sozialpsychologischen Emotionsforschung (Abschnitt 2.2) und der Vorurteilsforschung (Abschnitt 2.3) die Basis für den theoretischen Framework (Kapitel 2.5). Um die Relevanz und Macht der visuellen Bilderrepräsentationen herauszuarbeiten bietet sich eine auf die Forschungsfrage abgewandelte Wissenssoziologische Diskursanalyse (WDA) nach Reiner Keller an, um aufbauend an die Analyse idealtypische Bilder zu extrahieren. Es ist anzunehmen, dass diese Bilder zum einen Stereotype bedienen und zum anderen Subalternität herstellen können (Abschnitt 2.4).

Im Kapitel III werden die Analyseschritte des angestrebten Mixed Methods Designs (Abschnitt 3.1) dargestellt. Es werden die methodischen Grundlagen der beiden Phasen, der visuellen Diskursanalyse (Abschnitt 3.2) sowie dem Online-Experiment, welches auf den Erkenntnissen der Phase 1 aufgebaut wird (Abschnitt 3.3), vorgestellt.

Im Kapitel IV wird die Datenerhebung für die WDA expliziert und der Datenkorpus vorgestellt.

Die Ergebnisse der WDA und die darauffolgende Operationalisierung des Experimentes folgen im Kapitel V. Zunächst wird dabei ein quantitativer Überblick der erhobenen Daten gegeben (Abschnitt 5.1), um dann mithilfe der WDA analytisch in das Bildmaterial vorzudringen (Abschnitt 5.2) und idealtypische Repräsentationen und Frames zu extrahieren (Abschnitt 5.3) Es folgt in diesem Abschnitt auch die Hypothesenbildung für die anschließende Operationalisierung des Erhebungsinstruments der Phase 2 (Abschnitt 5.4). Die Ergebnisse des Pretests werden in Abschnitt 5.5 diskutiert und reflektiert. Aufbauend auf die Pretest-Resultate folgt die Vorstellung des Experimentaldesigns (Abschnitt 5.6).

Im Anschluss daran werden die Ergebnisse im Kontext des Forschungsstandes und hinsichtlich der strukturellen Bedingungen dargestellt und diskutiert Kapitel VI). Hierfür werden unter anderem deskriptive und multivariate statistische Methoden angewendet, um strukturelle Ursachen zu Wahrnehmungsunterschieden und den Effekten verschiedener visueller Repräsentationen zu analysieren. Ein Fazit sowie eine abschließende Reflexion zur Forschungsherangehensweise, der Reichweite der Aussagen sowie ein Ausblick schließen das Buch ab (Kapitel VII).

1.3 Schlüsselereignisse der Fluchtmigration nach Österreich 2015 bis 2018

Im Herbst 2015 suchten zirka 88.000 Menschen in Österreich um Asyl an. Seitdem sind die Antragszahlen stark zurückgegangen, sodass im ersten Halbjahr

2018 nur noch 7098 Asylanträge gestellt wurden (vgl. Pallinger 2018). Obwohl die Integrationsleistung von Flüchtlingen in Österreich von Expert*innen wie Thomas Liebig, von der OECD, als positiv bewertet werden (vgl. ebd.), sind die Auswirkungen der Fluchtmigration auf den österreichischen Arbeitsmarkt, nach einem aktuellen OECD-Bericht zufolge, „viel größer als in anderen Ländern" (Höller 2018). Eine wesentliche Herausforderung ist demnach vor allem die Integration „von jungen und weniger gut ausgebildeten Männern (im Alter von 18 bis 34 Jahren)" (ebd.). Im Frühjahr 2018 sollen über 30.000 anerkannte Flüchtlinge und subsidiär Schutzberechtigte beim Arbeitsmarkt Service Österreich (AMS) arbeitslos gemeldet gewesen sein. Die Beschäftigungsquote liegt unter der der autochthonen österreichischen Bevölkerung[9]. Gründe hierfür sind unter anderem das hohe Alter der Geflüchteten beziehungsweise ihr Status als Auszubildende (vgl. Pallinger 2018).

Im Kontext der gegenwärtigen Diskussionskultur stellen dabei einige Schlüsselereignisse in den vergangenen Jahren wichtige Marker dar, die den Diskurs maßgeblich mit beeinflusst haben. Der austro-schwedische Journalist und studierte Migrationsforscher Nikolai Atefie (2018) gibt im Wiener Stadtmagazin *Falter* eine fundierte zahlenbasierte Zusammenstellung zum Thema der rezenten Fluchtmigration nach Österreich. Er beginnt mit der medialen Berichterstattung der Grenzübertritte von Geflüchteten im burgenländischen Grenzort Nickelsdorf im Herbst 2015. Seitdem bestimmen die Themen Asyl und Integration die Tagespolitik (vgl. ebd. 2018: 14).

1.3.1 Oktober 2015: Die Wien-Wahl

Im Sommer 2015 galt Österreich für die rezenten Flüchtlingsgruppen noch hauptsächlich als „Transitland", um nach Schweden oder Deutschland weiter zu gelangen (vgl. Sponholz 2016: 372). Die turnusgemäß am **11. Oktober 2015** stattgefundene Wiener Landtags- und Gemeindewahl zwang alle politischen Kräfte, allen voran den sozialdemokratischen Bürgermeister Michael Häupl

9 Es soll an dieser Stelle die Problemhaftigkeit bestimmter sozialwissenschaftlich fundierter Begriffe reflektiert werden. Es steht zur Debatte, inwiefern Begriffe wie *migrantisch* oder *autochthon* im Kontext einer *postmigrantischen* Gesellschaft (vgl. Kosnick 2018: 159ff.) zielführend für sozialwissenschaftliche Analysen sind (vgl. Verwiebe et al. 2018a). Um den Problemgegenstand, der Einstellungen von Österreicher*innen gegenüber Flüchtlingen, differenziert zu betrachten, sollen dennoch, mit Verweis auf die terminologische Problematik, die diesen Konzepten inhärent sind, die Begriffe in dieser Arbeit Verwendung finden.

und seinen langjährigen freiheitlichen „Kontrahenten“ Heinz Christian Strache, Position zum Thema Fluchtmigration zu beziehen (vgl. ebd.). Im Social Media Wahlkampf bezogen sich 64.6 Prozent aller inhaltlichen Partei-Postings auf das Thema Flüchtlinge (vgl. ebd.: 386). Da es sich bei der FPÖ um einen stark personenbezogenen Wahlkampf handelte, wurde ein überwiegender Teil der Social Media-Posts auf der Facebook-Seite des Spitzenkandidaten Strache platziert. Seine Facebook-Seite ist eine der populärsten Österreichs (vgl. ebd.: 372). Anders als die Sozialdemokrat*innen (SPÖ), den Liberalen (NEOS) und den Grünen, die das Thema Flüchtlinge überwiegend mit Humanität verbunden haben, bedienten die FPÖ-Posts Äußerungen, die die ökonomischen Folgen ins Zentrum rückten, die „kulturelle Identität“ problematisierten und Flüchtlinge mit Kriminalität und Terrorismus in Verbindung setzten (vgl. ebd.: 388ff.). Insgesamt waren Flüchtlinge das Sachthema, welches am häufigsten auf Facebook angesprochen wurde und durch Polarisierung den Wahlkampf dominierte (vgl. ebd.: 395).

1.3.2 November 2015: Einführung des Integrationspakets für Flüchtlinge und Migrant*innen

Die Seitens der ÖVP geforderten Wertekurse, die durch den Österreichischen Integrationsfonds (ÖIF) umgesetzt werden, bilden einen Teil des *50 Punkte Plans* zur Integration, der vom Bundesministerium für Europa, Integration und Äußeres (BMEIA) und dem Expert*innenrat (u. a. Heinz Faßmann, Raumforscher, ehemaliger Vizerektor der Universität Wien sowie Bildungsminister im Kabinett Sebastian Kurz 2017-2019) im November 2015 präsentiert wurde und am 26. Januar 2016 zustimmend durch eine Ministerialsitzung angenommen wurde (vgl. Rath 2016). Bis Ende 2016 hatten etwa 10.000 Personen an den Kursen teilgenommen (vgl. ebd.) und weitere 10.000 bis zum ersten Halbjahr 2017 (vgl. Der Standard 2017). Am 9. Juni 2017 trat das Integrationspaket verpflichtend in Kraft, sodass 22.722 Personen im ersten Jahr bis Juni 2018 die Integrationserklärung beim zuständigen ÖIF unterzeichneten (vgl. Kurier 2018a). Ab September 2017 sind die Integrationsverpflichtungen auch für sogenannte „anerkannte Flüchtlinge“ bestimmend (vgl. APA 2017).

1.3.3 Januar 2016: Wirtschaft will Förderungen für Flüchtlingsjobs

Der damalige Wirtschaftskammer Präsident Christoph Leitl forderte bereits im Januar 2016 eine Prämie, aus den Töpfen des EU-Kohäsionsfonds, für Firmen und Betriebe die Flüchtlinge einstellen (vgl. Sator 2016). Diese Forderung wiederholte er mit Nachdruck im Januar 2018 in seiner Funktion als WKÖ Chef und

Präsident der europäischen Kammervereinigung Eurochambres in Brüssel (vgl. Die Presse 2018b). Der Vorstoß war eine Folge des arbeitsrechtlichen Umstandes, dass nur ein Bruchteil der anerkannten Flüchtlinge einen Job in Österreich gefunden hat. Leitl hebt hervor, dass „[d]ie Integration [...] nur über die Betriebe laufen [kann], deshalb müsste man sie aus den Kohäsionsfonds fördern" (ebd.). Ebenso der Generalsekretär der Industriellenvereinigung Christoph Neumayer setzt sich für Förderungen von Unternehmen und Flüchtlingen ein, wie er am 26. Januar 2016 mitteilte (vgl. Sator 2016).

1.3.4 Oktober 2017: 26. Nationalratswahl

Auch der Nationalratswahlkampf 2017 war vor allem stark durch die Themen Flüchtlinge und Flüchtlingspolitik geprägt (vgl. Wodak 2018: 324; vgl. Meinhart 2017). Das „Megathema Migration und Integration" mobilisierte, emotionalisierte und polarisierte wie kein anderes Thema die öffentliche Aufmerksamkeit und beeinflusste den Entscheidungsprozess der Wähler*innen (vgl. Plasser/Sommer 2017: 4). Bereits vor dem Wahlergebnis hat die FPÖ Koalitionsverhandlungen „auf Augenhöhe" mit der ÖVP gefordert (Riedl 2017). Demnach verhandelten sie um die sogenannten Schlüsselresorts in der Flüchtlingspolitik, das Innen- (BMI) und das Außenministerium (BMEIA) (vgl. ebd.). Bereits bei der Anfang September 2017 stattgefundenen Pressekonferenz, in der der ehemalige Bundespräsidentschaftskandidat Norbert Hofer das Parteiprogramm der FPÖ vorstellte, wurde deutlich, dass die Partei langfristig keine Integrationsmaßnahmen für Flüchtlinge vorsieht (vgl. Thalhammer 2017). Politiker*innen der „Neuen Volkspartei – Liste Kurz" definierten in ihrem Programm Flüchtlinge als „illegale Migranten", die nur „Betrüger" seien, um Sozialleistungen zu beziehen (vgl. Wodak 2018: 333). Wie internationale Studien zeigen, ist es nicht neu, dass dabei eine emotionalisierende Rhetorik zum Einsatz kam, um beispielsweise Panik vor Überfremdung zu machen (vgl. Valentino et al. 2011). Darüber hinaus war bei keiner Nationalratswahl der neueren Wahlgeschichte, so der Politikwissenschaftler Fritz Plasser und der Meinungsforscher Franz Sommer, die Berichterstattung der Massenmedien so intensiv und dicht (vgl. ebd. 2017: 2). Zudem hatten bei keiner Nationalratswahl das Internet und die Sozialen Medien eine so starke Bedeutung gehabt (vgl. ebd.).

1.3.5 August 2018: Der Diskurs um Flüchtlinge in Lehrlingsmangelausbildungen

Die innenpolitische Diskussion, ob „Asylwerber, die sich in Österreich in Lehre befinden, abgeschoben werden (dürfen)" (Die Presse 2018a), wurde durch verschiedene Akteure der Opposition, allen voran Oberösterreichs Landtagsabgeordneten Rudi Anschober (Die Grünen), der die reichweitenstarke Initiative „Ausbildung statt Abschiebung“ initiiert hat, vorangetrieben (vgl. ebd.). Auf der Seite der Befürworter*innen der Abschiebungen stehen demnach Regierungsmitglieder wie die Außenministerin Karin Kneissl und Vizekanzler H.-C. Strache. Durch das Engagement des Bundespräsidenten Alexander Van der Bellen, bezüglich der Lehrausbildung von Flüchtlingen (die keinen Schutzstatus erhalten haben), kam es zu einer vertiefenden Diskussion der Reformation des 2012 umgesetzten Vorstoßes des sozialdemokratischen Sozialministers Rudolf Hundstorfer. Diese sah vor, dass Flüchtlinge eine Lehre in sogenannten Mangelberufen ausüben können. Am 26. August 2018 verkündete der Regierungssprecher Peter Launsky-Tieffenthal, dass die Regierung, nach einem Vorstoß des amtierenden freiheitlichen Vizekanzlers Strache, die 2012er Verordnung abschaffen werde. *Kurier*-Redakteur Michael Bachner bezeichnete diese Entscheidung als einen „harte[n] Schlag ins Gesicht, all jener, die sich für die Integration von jungen Asylwerbern einsetzten, die in Österreich eine Lehre machen“ (Bachner 2018).

1.4 Österreich und die Arbeitsmarktintegration von Flüchtlingen

Eine asylberechtigte Person sowie geduldete Menschen, welche seit drei Monaten zum Asylverfahren zugelassen wurden, dürfen mit einer Beschäftigungsbewilligung in der Landwirtschaft und im Tourismus tätig sein. Ohne eben diese Bewilligung dürfen nur Tätigkeiten in Privathaushalten entlohnt werden. Darüber hinaus können die Personen gemeinnützige Tätigkeiten für Bund, Länder und Gemeinden ausüben (vgl. Atefie 2018: 15). 2013 wurde die Altersgrenze für die Lehre für Asylwerber*innen, nach einer generellen Öffnung auf Initiative des früheren Sozialministers Hundstorfer, aufgrund geringer Nachfrage auf 25 Jahre erhöht. Jugendliche Asylwerbende im Alter von bis zu 18 Jahren durften, bis zur Umgestaltung des Lehrlingsgesetztes und der Verschärfung des Asylrechts im August 2018, Ausbildungen mit sogenannten Lehrlingsmangel (wie beispielsweise Tischler*in, Köch*in, Elektrotechniker*in) annehmen (vgl. Szigetvari 2018; vgl. Bachner 2018). Schutzberechtigte Personen haben dahingegen einen unbeschränkten Arbeitsmarktzugang und sind österreichischen Staatsbürger*innen arbeitsmarktrechtlich gleichgestellt (vgl. Atefie 2018: 15). Laut Angaben der österreichischen Agentur für Arbeit (AMS) arbeiten von den Anfang 2015 bis Mitte 2016 angekommenen Flüchtlingen jede*r Dritte (vgl. ebd.: 15). Nach drei Jahren gelten demnach 34 Prozent der Asylwerbenden im Arbeitsmarkt als „integriert“. Das AMS unterliegt seit Januar 2019 Budgetkürzungen von 145 Millionen Euro (vgl. ebd.), was wiederum Auswirkungen auf die Dienstleistungen der Arbeitsvermittlung und Arbeitsmarktvorbereitung hat, wie die Leiter der Universität Wien Studie „Arbeitsmarktintegration von Flüchtlingen in Österreich – Eine Längsschnittanalyse" Roland Verwiebe und Bernhard Kittel kritisch anmerken. Die Soziologen betonen, dass die getroffenen und geplanten Maßnahmen der konservativen-rechtspopulistischen Bundesregierung eher integrationshemmend wirken (vgl. Wittfeld 2019). Den Studienergebnissen folgend, sind die meisten Geflüchteten prozentual in den Sektoren Dienstleistung (33), Gastronomie (24), Handel (11) und Industrie (9) beschäftigt (vgl. ebd.). 35 Prozent der Mindestsicherungsbezieher*innen, die im Juli 2018 beim AMS arbeitslos gemeldet waren, sind schutzberechtigte Flüchtlinge. 14.675 der Schutzberechtigten ohne Arbeit erhalten die volle Mindestsicherung und 5.530 gelten als sogenannte „Aufstocker", die neben AMS-Leistungen nur einen Teil der Mindestsicherung beziehen (vgl. ebd.).

Weitere wesentliche Aspekte sind die soziopolitischen Einstellungen und Werte der autochthonen österreichischen Bevölkerung bezüglich der Issue Arbeitsmarktintegration von Flüchtlingen in Wien. Neben den politischen Schlüsselereignissen soll die folgende Aufstellung das polarisierende Konfliktpotenzial aus Sicht von ausgewählten rezenten Umfragedaten widerspiegeln. In Kumulation zu den bisherigen Ausführungen bilden diese die Problematisierung der hier verfolgten Issue der Arbeitsmarktintegration von Flüchtlingen in Österreich.

1.5 Die Skepsis vor den Anderen: Umfragedaten unter Österreicher*innen zur Integration und soziopolitischen Entwicklung

Aus sozialwissenschaftlichen Forschungen geht hervor, dass neben der Integration in den Arbeitsmarkt die Lebenssituation von Migrant*innen „zu einem großen Teil von den Einstellungen der einheimischen Bevölkerung zu Menschen mit Migrationshintergrund" abhängt (Verwiebe et al. 2018b: 371). Diskursanalytische Forschungen zeigen seit über einem Jahrzehnt eine „Muslimisierung" von Migrant*innen in den deutschsprachigen Gesellschaften auf (vgl. Spielhaus 2018: 131), sowie eine „Islamisierung von Debatten und Gesellschaftsmitgliedern muslimischen Hintergrunds" (ebd.: 131). Diese Wahrnehmungsverschiebung hat zur Folge, so die Islamwissenschaftlerin Riem Spielhaus, das muslimische Migrant*innen hinsichtlich des Aspekts der Sicherheit und der Identität gesellschaftlich problematisiert werden (vgl. ebd.: 132). Der Diskurs, dass ein_e Muslim*in nicht gleich Araber*in, nicht gleich Geflüchtete*r ist, führt in der medialen Homogenisierung und Gleichsetzung dazu, dass zum einen rassistische Pauschalisierungen stattfinden[10], sondern auch dem Erkenntnisinteresse im Weg stehen (vgl. Arnold 2019: 144ff.). Der Islam wird in Europa auf der Basis von feindlichen und orientalischen Stereotypen dargestellt (vgl. Tietze 2018: 352; vgl. Wodak 2016) und daher „häufig als unvereinbar mit den politischen und normativen Prinzipien der ‚modernen europäischen Gesellschaft' wahrgenommen" (Tietze 2018: 352). Empirisch finden sich diese Tendenzen zum Teil in österreichischen Studien wieder. Die folgende (selektive) Zusammenschau zeigt Ergebnisse aktueller Sozialstudien, die mindestens eine Fragestellung zur Arbeitsmarktintegration von Migrant*innen und oder Flüchtlingen beinhalteten.

Eine Längsschnittstudie aus der Zeit vor der rezenten Fluchtmigration 2015 zeigt, dass Wiener*innen Issues wie Kriminalität oder arbeitsmarktbezogene Themen wie Arbeitslosigkeit subjektiv deutlich relevanter bewerten als Einwanderung (vgl. Verwiebe et al. 2015: 54f.). Nach soziostrukturellen und demographischen Merkmalen bewerten Frauen Zuwanderung signifikant negativer als es bei Männern der Fall war. Selbiges gilt auch für Milieus, die selbst unter dem Schlagwort der *Abstiegsgesellschaft* (vgl. Nachtwey 2016) subsummiert werden können (vgl. Verwiebe et al. 2015: 56).

Generell beurteilen Österreicher*innen die politische Situation im Jahr 2017[11] negativer als in den Referenzumfragen im Jahr 2013 (vgl. Plasser/Sommer 2017: 5). So gaben, in einer durch das Meinungsforschungsinstitut GFK durchgeführte Umfrage, 69 Prozent der befragten Personen an, dass sich Österreich „in die falsche Richtung" entwickelt (vgl. ebd.). Das Thema, das die Befragten am meisten „beschäftigte", war bei einer maximalen Nennung von drei Themenschwerpunkten, mit großem Abstand zu anderen Problemfeldern mit 55 Prozent, die „Probleme mit Flüchtlingen, Asylanten und Zuwanderern"

10 Es ist wichtig zu betonen, dass es nicht „den Flüchtling" gibt (vgl. Arnold 2019: 141). Diese scheinbar selbstverständliche Aussage spiegelt sich beispielsweise nach wie vor jedoch nicht in den Mainstream Migrationswissenschaften wider, wie der Migrationswissenschaftler Holger Wilke am Beispiel papierloser Migrant*innen konstatiert (vgl. ebd. 2018: 22ff.). Vereinzelte qualitative Studien bemühen sich aber immer wieder diese entscheidenden Punkte zu betonen. Sie sind allerdings marginal beziehungsweise werden marginalisiert (vgl. Friedrichs 2018).

11 Es handelt sich hierbei um Daten einer repräsentativen CAWI-Onlinebefragung von N = 2.000 deklarierten Wähler*innen. Die Umfrage wurde zwischen dem 11. und 14. Oktober 2017 durchgeführt. Die Studie gestaltete sich durch offene Fragestellungen und einer nachträglichen Codierung (vgl. Plasser/Sommer 2017: 2ff.).

(ebd.: 6). Fluchtmigrationsbezogene Themen wie „die Gefahr eines neuerlichen Ansturms von Flüchtlingen und Asylanten“, „die steigende Zahl von Migranten und Ausländern“ sowie „die rasche Abschiebung von Wirtschaftsflüchtlingen“ beschäftigten (vor allem FPÖ- und ÖVP-) Wähler*innen ganz besonders bei der Nationalratswahl 2017 (vgl. ebd.: 8). Die Mehrheit der interviewten Personen ist zudem der Ansicht, dass die Aufnahmekapazität von Flüchtlingen in Österreich erreicht ist (75 Prozent) und die Regierung schärfere Maßnahmen ergreifen sollte, um die Zuflucht nach Österreich einzudämmen (63 Prozent) (vgl. ebd.: 9). Eine Auswertung im statistischen Jahrbuch Migration und Integration 2017, herausgegeben von der Statistik Austria und der Kommission für Migrations- und Integrationsforschung der österreichischen Akademie der Wissenschaften, macht deutlich, dass zwei Drittel der befragten Österreicher*innen die Integration von Migrant*innen skeptisch sehen (vgl. Statistik Austria 2017: 19). Bereits frühere Umfragen zu Einstellungen der Österreicher*innen zur rezenten Flüchtlingssituation machten deutlich, dass die befragten Personen Integrationsmaßnahmen Österreichs eher negativ beurteilen[12] (vgl. SWS 2016: 366). Demnach empfinden 50 Prozent der Befragten die damals diskutierte Obergrenze von 37.500 Asylwerber*innen pro Jahr für sinnvoll und 55 Prozent sprachen sich für eine Kürzung der Mindestsicherung für Asylberechtigte Personen aus (vgl. ebd.: 367ff.).

In der Studie *Sozialer Survey* (2016) stimmten 29 Prozent der Befragten „zu“ beziehungsweise „voll und ganz zu“, das „Zuwanderer“ im Allgemeinen gut für die österreichische Wirtschaft sind. 38 Prozent stimmten „nicht“ beziehungsweise „überhaupt nicht“ zu (vgl. Verwiebe et al. 2018b: 372). Diese Trendergebnisse können im Kontext der verschlechterten Arbeitslage in Österreich betrachtet werden. Vor allem die Bildung und das Geschlecht haben einen Einfluss auf die Einstellungen bezüglich Migrant*innen auf dem Arbeitsmarkt. Das Alter und der Erwerbsstatus (mit Ausnahme von Befragten, die sich in Ausbildung oder Studium befinden) sind dabei signifikante demographische Faktoren bei Einstellungen zum Thema Flüchtlingsintegration. Demnach haben weibliche Personen, Menschen mit höherer Bildung oder sich in Ausbildung beziehungsweise Studium befinden gegenüber Migrant*innen auf dem Arbeitsmarkt eine positivere Einstellung, als die jeweiligen Referenzgruppen (männliche, Personen ohne Matura und Menschen die anderen Formen der Beschäftigung nachgehen) (vgl.

12 Dies ist das Ergebnis von drei österreichweiten Telefonumfragen, die durch die SWS-Rundschau im Januar (N = 509), März (N = 519) und April (N = 640) 2016 durchgeführt wurden (vgl. SWS 2016: 363).

ebd.: 372f.). Verwiebe und Kolleg*innen können entgegen gängiger Prekarisierungsthesen zeigen, dass Personen in befristeter Beschäftigung Zuwanderung am Arbeitsmarkt positiver gegenüberstehen, als Arbeitnehmer*innen in unbefristeten Beschäftigungsverhältnissen. Persönliche Erfahrungen von Arbeitslosigkeit haben keinen Einfluss (vgl. ebd.). Die Soziolog*innen konstatieren daher eher eine allgemeine Skepsis vor den „Anderen" und bestätigen die sogenannte Gruppenbedrohungshypothese[13], betonen aber auch, dass sie mit den aktuellen Daten keine Schlussfolgerungen bezüglich der Kontakthypothese nach Gordon W. Allport[14] ziehen können (vgl. ebd.).

Im Folgenden Abschnitt 1.6 soll der Stand der sozialwissenschaftlichen Flüchtlingsforschung, hinsichtlich der visuellen Bildanalyse und der Einstellungsforschung zu Geflüchteten vorgestellt werden. Im Anschluss daran werden forschungsleitende Fragen vorgestellt, die das einleitende Kapitel abrunden.

1.6 State of the Art: Vom Bildnis der Geflüchteten zur Darstellung und Wahrnehmung von Flüchtlingen auf dem Arbeitsmarkt

International stellt der Komplex der sozialwissenschaftlichen Flüchtlingsforschung ein bereits etabliertes und institutionalisiertes Feld dar (vgl. Schulz 2018). Im deutschsprachigen Raum hingegen hat diese Entwicklung mit einigen Ausnahmen auf sich warten lassen (vgl. Kleist 2018; vgl. Wiedner et al. 2018: 8). Durch die Gründung verschiedener Forschungsinitiativen und Netzwerken wie beispielsweise dem *German Network of Refugee Researchers* oder dem Verbundprojekt *Flucht: Forschung und Transfer* des Instituts für Migrationsforschung und Interkulturelle Studien (IMIS) der Universität Osnabrück sowie dem Internationalen Konversionszentrum Bonn kann mittlerweile von einer angehenden Institutionalisierung gesprochen werden (vgl. Schulz 2018). Wie Olaf Kleist in einem Forschungsbeitrag zur Situation der Flüchtlingsforschung hinweist, ist in den letzten fünf Jahren (bis einschließlich 2017) ein starker Anstieg verschiedenster sozialwissenschaftlicher Forschungsprojekte rund um das Thema

---

13 Negative Einstellungen gegenüber Migrant*innen sind oft Wahrnehmungsfolgen einer angesehenen Bedrohung der eigenen Gruppenposition (vgl. Pettigrew/Tropp 2006 in Fritsch et al. 2018: 372f.).

14 Die Kontakthypothese besagt, dass mit der Höhe der Zuwanderung auch die Kontakte zwischen der autochthonen Bevölkerung und zugewanderten Personen zunehmen werden. Demnach werden die Vorurteile durch die erhöhte Kontaktfrequenz abgebaut (vgl. Pettigrew/Tropp 2006 in Fritsch et al. 2018: 372; siehe Abschnitt 2. 3).

Fluchtmigration und Ankunft in Europa im deutschsprachigen Raum zu verzeichnen (vgl. Kleist 2018).

Rezente sozialwissenschaftliche Analysen bezüglich geflüchteter Personen in und nach Europa beziehen sich dabei oftmals auf Aspekte der visuellen Darstellung von Flucht und Fluchtrouten (u. a. Höpfner 2018; Tosic 2017; Kaufmann 2016), der Ankunft (u. a. Schmid Noerr/Meints-Stender 2017), mit der beruflichen Qualifizierung von Geflüchteten (u. a. Ebbinghaus 2017; Flake et al. 2017), der Arbeitsmarktintegration (u. a. Fritsch et al. 2018; Wiedner et al. 2018; Knuth 2016;), mit den Lebensbedingungen nach der Ankunft (u. a. Utler 2017; Dursun/Sauer 2016), mit den medialen Berichterstattungen über Flucht und Ankunft (u. a. Prinzing et al. 2018; Schulze 2017; Nohl 2017; Hunsicker 2017; Almstadt 2017; Drüeke/Fritsche 2015), mit der Gender-Dimension in der Berichterstattung (vgl. Wetzstein 2019), mit dem Grenzregime und der „Festung Europa" (u. a. Lehner/Rheindorf 2019) sowie den *tipping point* im Herbst 2015, wonach das Framing von der Willkommenskultur zum Bedrohungsszenario in der Berichterstattung wechselte (für Österreich: vgl. Meinhart et al 2019; für Deutschland: vgl. Jäger/Wamper 2017). Die Autoren um den Herausgeber der Tageszeitung *Die Presse* Rainer Nowak arbeiteten unter anderem in ihrem Buch „Flucht: wie der Staat die Kontrolle verlor" den sogenannten „Kontrollverlust" bei der (unkontrollierten) Einreise von Geflüchteten im steirischen Spielfeld auf (vgl. Ultsch et al. 2017). Sie betonen, dass sich durch dieses Schlüsselereignis das Narrativ des nationalen Flüchtlingstraumas 2015 festigen konnte.

Marlis Prinzing und Kolleg*innen konstatieren, dass viele Journalist*innen weiterhin in einer beträchtlichen Distanz zu ihrem Publikum stehen und das spiegelt sich auch im Thema der Flüchtlingsberichterstattung in Deutschland wider (vgl. Prinzing et al. 2018: 11). Die unausgewogenen und zum Teil verzerrten Darstellungen hatten zur Folge, dass „Stimmen besorgter Bürger[*innen] nahezu völlig überhört" wurden und damit letztlich deren Ängste eher noch steigerte" (ebd.: 11). Dabei ist die Art der Berichterstattung und die Wahl stilistischer und visueller Mittel bei den Rezipient*innen prägend für die Repräsentation und Wahrnehmung des Phänomens Migration (vgl. Fengler et al. 2018: 39f.; vgl. Masarova 2017: 1; vgl. Dell'Orto/Birchfield 2013).

Visuellen Repräsentationen von rezenten Fluchtbewegungen nach Europa wurden bis dato im Rahmen von wenigen ersten Diskursanalysen betrachtet (vgl. Sauer 2017). Welche Wirkungen die visuelle Berichterstattung in den Verbreitungsmedien auf die Rezipient*innen haben ist hingegen noch nicht untersucht. Allgemein zeigen sozialwissenschaftliche Studien, dass Stereotypisierungen von Flüchtlingen als „passive Akteure" oder „Opfer ihrer Umstände" vorgenommen und vermittelt werden (vgl. Verwiebe et al. 2018a: 232).

Die Kommunikationswissenschaftlerin Sophie Lecheler und Kolleg*innen (2015) zeigen in einem Sozialexperiment, dass bestimmte News Framings zum Thema Migration einen zum Teil starken Einfluss auf die emotionalen Reaktionen von Medienkonsument*innen haben können (vgl. ebd.: 825ff.). Besonders hohe emotionale Reaktionen provozierten *News Frames* im Kontext der niederländischen Arbeitsmarktintegration von weiblichen (vermeintlich muslimischen) Personen, welche durch die Rezipient*innen nicht dem globalen Norden zugeordnet werden (vgl. ebd.: 826). Die Autor*innen heben hervor, dass emotionale Reaktionen eine entscheidende Rolle im Prozess des Framings haben (vgl. ebd.: 828). Erste sozialpsychologische Experimente mit visuellen Darstellungen zum Thema Flucht in Abhängigkeit mit Persönlichkeit und Emotionen untersuchten Altvatter et al. 2017.

Die Migrationsforscher*innen Christoph Rass und Melanie Ulz konstatieren in ihrem 2018 herausgegebenen Sammelband, dass sich die „Auseinandersetzung mit Bildern in der Migrationsforschung etabliert hat" (ebd. 2018: 1; vgl. Bischoff 2016). Allerdings stellt „die Allgegenwart des Visuellen in Diskursen über Migration und Integration" und der damit einhergehenden Produktion, Verwendung und Deutung von „Bildern im visuellen Zeitalter" (Rass/Ulz 2018: 1) eine theoretische, methodische und forschungspraktische zu erfassen Herausforderung dar. Vor allem die „diskursanalytischen Momentaufnahme" der Soziologin Esther Almstadt (2017) zeigt die hegemonialen Prinzipien und Wertmaßstäbe in ausgewählten deutschen Printmedien zur Flüchtlings-Berichterstattung 2015. Sie arbeitet heraus, dass Flüchtlinge als „massenhaftes" Phänomen beispielsweise im Kontext der sogenannten „Willkommenskultur" auftreten (vgl. ebd.: 186ff.; vgl. Sahlender 2017: 232ff.), in Nahaufnahmen, als Symbol für europäische Integrations- und Grenzpolitik inszeniert werden (vgl. Almstadt 2017: 191ff.; vgl. Sauer 2017: 287f.) sowie im Diskurs „Kosten-Nutzen-Abwägen" Erwähnung finden (vgl. Almstadt 2017: 195ff.).

Hervorzuheben sind die metaphorischen sprachlichen Bilder einiger meinungsbildender Verbreitungsmedien, wie die der „Flüchtlingswelle", des „Flüchtlingsstromes" und der „Asylantenflut"[15] (ebd.: 189; vgl. Friedrichs 2018: 167f.),

---

15 Vgl. Diskursanalyse zur deutschen Berichterstattung in den 1990er Jahren siehe Meyer 1997; zum Thema Sprache und Einfluss auf die Rezipient*innen siehe unter anderem Jäger 2015; Tiefenthaler 2015. Merten und Ruhrmann untersuchten darüber hinaus bereits in den 1980er Jahren das Ausländer*innenbild in deutschen Medien. Ihre systematische Analyse von 18 Presseorganen und 2.200 Artikeln zeigt, dass in über einem Viertel Ausländer*innen mit steigender Kriminalität in Verbindung gebracht werden (vgl. Seng 2018: 122). Das Flüchtlinge vor allem als „Flut", „anonyme Masse", „Wellen" und weiteren Begriffen bezeichnet und dargestellt werden, Begriffe die sonst nur bei Naturkatastrophen gewählt werden, haben nicht nur in der Gegenwart Konjunktur.

die damit negative Assoziationen mit den Themenfeldern Flucht und Migration hervorrufen (vgl. Seng 2018: 122). Almstadt kommt zu dem Schluss, dass sich die Medienmacher*innen, wenn über Flüchtlinge gesprochen wird, zu politischen Ereignissen positionieren und dabei im Prozess der öffentlichen Meinungsbildung Perspektiven schaffen, aus denen Geflüchtete in einem speziellen Setting betrachtet und beurteilt werden (vgl. ebd. 2017: 199). Eine solche Art von Berichterstattung vereinheitlicht einerseits Menschen, sowie andererseits die individuellen Fluchtgründe (vgl. Seng 2018: 122). Im Anschluss daran betont Almstadt, dass die mediale Berichterstattung als zentraler Bestandteil von Repräsentationsformen bisher kaum in wissenschaftlichen Diskursen berücksichtigt wurde. Besonders die Sichtbarmachung von Ausblendungen und Ausgrenzungsprozessen stellen ihrer Ansicht nach einen Mehrwert von diskursanalytischen Verfahren dar (vgl. ebd.). Rezente Forschungen zum Thema Flucht und bildlicher Darstellung betonen darüber hinaus den oftmals intendierten ikonographischen Charakter der publizierten Bilder (vgl. Alpagu/Breckner 2018; vgl. Sauer 2017; vgl. Strsembski 2017), die damit weniger ästhetisch, sondern vielmehr ein Ausdruck von Macht, Identität und Kultur seien (vgl. Suber 2018: 181).

Allgemein zeigen aktuelle Forschungstrends, dass aussagekräftige quantitative (vgl. Flake et al. 2017: 5) sowie qualitative Darstellungen (vgl. Haug et al. 2017) zum Thema „Flüchtlingsintegration" auf dem deutschen und österreichischen Arbeitsmarkt begrenzt sind und die Datengenerierung sich noch im Aufbau befindet. Darüber hinaus verdeutlicht die fehlende wissenschaftliche Auseinandersetzung mit dem Thema der visuellen Repräsentation von Flucht in den Verbreitungsmedien, in den Fachorganen von prestige- und reichweitenstarken Publikationsplattformen der Publizistik-, Kommunikations-, Medien- und anderen Sozialwissenschaften ein Bedarf an Forschung. Hinsichtlich der „enormen Präsenz der Thematik in der medialen Berichterstattung" (Altvatter et al. 2017: 232), bieten sich Analysen im Bereich der Wirkungsforschung zur Fluchtproblematik und emotionaler Reaktanz der Medienrezipient*innen an

Die Historikerin Anne Friedrichs weist darauf hin, dass die Metaphorik des Wassers in der Rede von „Flüchtlingswellen" oder „Migrationsströmen" sehr präsent sind und waren (vgl. Friedrichs 2018: 167). Es wird hier eine Verbindung geschaffen, die häufig mit der „Vorstellungen von Gefahr und den Grenzen menschlicher Handlungsmacht" (ebd.: 167) einhergeht. Sie betont, dass Versuche „geflohenen Menschen durch Text- und Bildreportagen über individuelle Schicksale ein Gesicht zu verleihen" (ebd.), marginalisiert werden, da Berichte über tatverdächtige Personen und Terrorist*innen in der Tagespresse zu einer affektiven aufgeladenen Vorstellung eines „Wir" und eines davon abzugrenzenden „Anderen" verbreitet (vgl. ebd.).

(vgl. ebd.: 232), da die Art der Darstellungen explizite Auswirkungen auf Handlungsmuster aller gesellschaftlichen Mitglieder haben können (vgl. ÖIF 2014: 2). 2010 wurde im *Nationalen Aktionsplan für Integration* festgelegt, dass Medien „eine besondere Verantwortung für den interkulturellen Dialog, den Abbau von Vorurteilen und die Repräsentanz von Migrant/innen' tragen" (ÖIF 2014: 2). Österreichische Massenmedien übernehmen dabei wichtige soziale, politische und ökonomische Funktionen (vgl. ÖIF 2014). Darüber hinaus verfügen sie über eine Deutungshoheit bei Berichterstattungen über Migration und arbeitsmarktbezogene Themen (vgl. ebd.). Des Weiteren fasst der Soziologe Hartmut Esser kanonisierte sozialwissenschaftliche Erkenntnisse zusammen, die besagen, dass neben ökonomischen Anreizen vor allem übergreifende kulturelle Werte und Orientierungen, wie beispielsweise moralische Überzeugungen das Handeln beeinflussen (vgl. Esser 1999: 72). Demnach haben sowohl die Medien als Motoren der Informationsverbreitung und in ihrer Funktion als Diskursanreger, aber auch durch Sozialisation entwickelte und internalisierte Werte Einfluss auf das Handeln und auf die Wahrnehmung der Medienrezipient*innen beziehungsweise der Gesellschaft als Ganzes.

Da die „Angst" vor Flüchtlingen und die damit assoziierte Bedrohung des „eigenen Lebensstandards" durch Einwanderung bei vielen autochthonen Europäer*innen stark ausgeprägt ist, wird die aktuelle Aufnahme von Geflüchteten in den Arbeitsmarkt eher negativ bewertet (vgl. Wohlt et al. 2017: 182). Begründet kann dies im Falle Österreichs, durch einflussstarke politische Akteur*innen[16], die Geflüchtete als „Bittsteller" stilisieren, die vom Staat mitgetragen werden müssen (vgl. Binder 2017: 137; vgl. Sponholz 2016: 379). Zudem erfolgt eine mediale Überbetonung des sogenannten „Anderen" (vgl. Küchenhoff 2017: 17ff.), sodass die Einstellungen der autochthonen Bevölkerung zur Integration von Geflüchteten durch die medialen Diskurse beeinflusst werden[17] (vgl. Geißler 2010: 8; vgl. Vlasic 2012; vgl. Worth et al. 2017). Es ist kritisch zu konstatieren, dass es über die geschilderte Problematik hinaus, zu einer „radikalen Veränderung in

---

16 So hebt beispielsweise die Medienwissenschaftlerin und Arabistin Caroline Herfert (2018) in ihrer Dissertation zur Inszenierung der Anderen hervor, dass rechtspopulistische Kräfte, wie die Freiheitliche Partei Österreichs (FPÖ), das identitätsstiftende Potential der mythisierenden Geschichtsschreibung um die sogenannte Türkenbelagerungen Wiens instrumentalisieren, um eine Grenzziehung zu beispielsweise anderen religiösen und ethnischen Gruppen wie Muslim*innen zu forcieren (vgl. ebd. 2018: 358).

17 Daran anschließend ist anzumerken, dass der europäische Arbeitsmarkt von Ungleichheiten auf Basis ethnischer Diversität geprägt ist (vgl. Herwig 2017: 7).

der Produktion und Rezeption von Nachrichten" (Debatin 2018: 199) gekommen ist. Immer mehr Menschen beziehen ihre Nachrichten nicht mehr direkt von professionellen Medienmacher*innen, wie Journalist*innen, sondern indirekt über Soziale Medien, sodass nicht die Nachrichtenfaktoren die angebotenen Nachrichteninhalte bestimmen, sondern die Präferenzen von Freund*innen und Bekannten sowie die bezahlten Postings von Interessensgruppierungen (vgl. ebd.: 199). Unter diesem fragmentierten Medienumfeld steht nach dem Medienwissenschaftler Bernhard Debatin die Frage im Raum, wie es überhaupt um die Informationsfunktion der journalistischen, professionellen Medien bestellt ist (vgl. ebd.). Für Österreich lassen sich hinsichtlich der Verbreitung von *aktuellen Desinformationen*[18] (vgl. Zimmermann/Kohring 2018), die im allgemeinen Sprachgebrauch als *Fake News* bezeichnet werden, wie beispielsweise auf Sozialen Medien, noch wenige Aussagen treffen. Allerdings, so hebt die Kommunikationswissenschaftlerin Lecheler hervor, spielen soziale Medien wie Twitter in Österreich eine weniger relevante Rolle als es beispielsweise in den USA der Fall ist. Sie betont aber auch, dass immer mehr, vor allem junge politikinteressierte Personen ihre Informationen über Soziale Medien beziehen (vgl. Lecheler 2018).

Eine Diskurs- sowie eine Wirkungsanalyse, welche das „Sprechen" über und das „Symbolisieren" der Arbeitsmarktintegration von Geflüchteten auslösen, wurde in einem deutschsprachigen Kontext noch nicht durchgeführt. Eine Aufarbeitung der Bildrepräsentationen und ihren Wirkungen kann ein differenziertes Verständnis von gesellschaftlicher Integration sowie möglichen rassistischen und exotisierenden Darstellungen im Sinne eines *Othering*[19] (vgl. Gingrich 2006;

---

18 Für eine aktuelle Auseinandersetzung mit dem Thema „Fake News" im deutschsprachigen Raum siehe den Beitrag von Fabian Zimmermann und Matthias Kohring (2018). Eine kritische Erweiterung zu diesen Überlegungen geben Armin Scholl und Julia Völker (2019). Allgemein ist zu konstatieren, dass eine Definition „von Fake News oder aktuellen Desinformationen je nach Forschungszweck recht unterschiedlich ausfallen kann" (ebd. 2019: 213). Einen vermeintlichen Wesenskern lässt sich demnach nicht empirisch ableiten. Allerdings kann als kleinster gemeinsamer Nenner der Aspekt der strategisch eingesetzten Fehlinformation (Propaganda) hervorgehoben werden, die in Konkurrenz zum Journalismus steht (vgl. ebd.). Zur Diskussion von *Wahrheit* in Zeiten der digitalen Transformation siehe Neuburger et al. (2019).

19 Othering bezeichnet die Darstellung von „machtlosen ‚Anderen' gemäß den Eigeninteressen von Mächtigen" (Gingrich 2011: 323). Wörtlich bedeutet dies etwas zu *Anderen* machen beziehungsweise als *Andere* darstellen. Im Kontext sozialanthropologischer Forschung wird von Othering gesprochen, wenn die „eigentlichen Anliegen fremder Gruppen in einer Darstellung nicht angemessen berücksichtigt werden" (ebd.).

2011) aufzeigen und damit einen explorativen Beitrag zur sozialwissenschaftlichen Flüchtlingsforschung beitragen.

1.7 Forschungsfragen und Ziele der Forschung

Im Sinne einer Untersuchung des Verhältnisses von medialer Meinungsbildung und politischen Ereignissen, welche durch visuelle Darstellungen repräsentiert werden (vgl. Almstadt 2017: 186), soll zunächst ein Fokus auf die idealtypischen visuellen Darstellungen der Arbeitsmarktintegration von Geflüchteten in den Verteilungsmedien gesetzt werden. Von besonderem Interesse ist hierbei der visuelle Diskurs und die damit einhergehende Kontextualität der Bilder, als „dynamisierte Strukturen von Sichtbarkeit, Sichtbarmachung und visuellen Signalen" (Bachmann-Medick 2008: 11), die Teil eines übergeordneten gesellschaftlichen Diskurses sind. Die idealtypischen Bildnisse der Arbeitsmarktintegration können bei divergent politisch-orientierten Personengruppen verschiedene emotionale Reaktionen hervorrufen (vgl. Worth et al. 2017; vgl. Altvatter et al. 2017). Von einem besonderen Interesse ist hierbei, ob es einen Zusammenhang in der visuellen Repräsentation des jeweiligen Handlungskontextes der Arbeitsmarktintegration von Geflüchteten in den Verbreitungsmedien, also die Art der Darstellung, und den emotionalen Reaktionen einer medienrezipierenden Person, auch hinsichtlich des entsprechenden politischen Hintergrundes, gibt. Elaborierte Theorien der Vorurteilsforschung zeigen darüber hinaus, dass Personen die häufiger Kontakt mit Individuen haben, die nicht der Eigengruppe angehören, auch weniger Vorurteile gegenüber dieser Gruppe haben, als es bei Personen der Fall ist, die wenig oder keinen Kontakt pflegen (vgl. Allport 1954). Daraus ergeben sich zunächst folgende Forschungsfragen:

F1: Welche idealtypischen visuellen Repräsentationen der Arbeitsmarktintegration von Geflüchteten in Österreich finden sich in der rezenten österreichischen Medienlandschaft wieder?

F2: Welche emotionalen Reaktionen werden durch die visuellen Repräsentationen von Geflüchteten im Kontext der Arbeitsmarktintegration in Österreich bei Medienrezipient*innen hervorgerufen?

F3: Inwiefern besteht ein korrelativer Zusammenhang zwischen politischen und gesellschaftlichen Werteeinstellungen und den hervorgerufenen Emotionen?

F4: Inwiefern hat die Kontakthäufigkeit mit geflüchteten Personen einen Einfluss auf die Bewertung der Bilder und die emotionalen Reaktionen bei der Rezeption?

F5: Welche Effekte haben demographische und persönliche Strukturmerkmale wie Geschlecht, beruflicher Status, Bildung und Herkunft hinsichtlich der emotionalen Reaktion auf die Stimuli?

Ziel dieser Forschung ist es, idealtypische Muster in der visuellen Repräsentation und den Verlauf der visuellen Diskursstränge zu erarbeiten (F1), um im Anschluss Rezipient*innen österreichischer Medien mit den idealtypischen Bildern (emotional) zu konfrontieren. Da Emotionen einen starken Einfluss auf das Handeln und Denken haben können, steht hier die emotionale Messung im Vordergrund (F2). Diese sollen hinsichtlich politischer Werteeinstellungen (F3) und der Kontakthäufigkeit der Rezipient*innen mit Flüchtlingen (F4) untersucht werden. Bezüglich demographischer Effekte ist es relevant zu analysieren, welche individuellen Voraussetzungen Effekte auf die Emotionen haben (F5).

Hierfür werden im nachfolgenden Kapitel II die theoretischen Grundlagen der Analyse vorgestellt. Die Teilaspekte münden im abschließenden Abschnitt 2.5, in dem ein theoretisches Framework vorgestellt wird, welches die Grundlage für das Forschungsdesign bildet.

II THEORIEN und HYPOTHESEN

Als ein interdisziplinäres Forschungsvorhaben werden Theorien und Methoden der Soziologie und Sprachwissenschaft, als auch Hypothesen und Konzepte aus der Sozialpsychologie und Kommunikationswissenschaft miteinbezogen. Da es sich um ein aufeinander bezogenes Portfolio an Theorien und Konzepten handelt, kann dies als ein komplexes Forschungsdesign verstanden werden. Zunächst werden Aspekte der Medienwirkungsforschung erläutert, da sich das primäre Forschungsinteresse auf die Wirkung von Medieninhalten bezieht (Abschnitt 2.1). Im Anschluss wird definiert, was unter nonverbaler und visueller Kommunikation verstanden wird (Abschnitt 2.2), da diese Ausführungen grundlegend für die weiteren theoretischen und methodologischen Darlegungen sind. Daran anschließend werden für diese Arbeit relevante theoretische Grundlagen zur Werte- und Emotionsbildung (Abschnitt 2.3) vorgestellt. Darauf folgend soll bestimmt werden, was in dieser Arbeit unter dem Begriff der Integration verstanden wird und welche Bedeutung die Kontakthypothese nach Gordon W. Allport für diese Forschung hat (Abschnitt 2.4). In Abschnitt 2.5 sollen die Konzepte in einem theoretischen Framework zusammengefasst werden. Hier wird ein Framework vorgestellt, in dem zum einen ein Fokus auf die kommunikative Phase gesetzt wird (2.2) und zum anderen die damit einhergehenden emotionalen Effekte (Affekt) (2.3) sowie die postkommunikative Phase zu den (vermeintlich) nichtintendierten Makroeffekten (2.4) inkludiert.

2.1 Medienwirkungsforschung

Die Wirkungsforschung konzentriert sich auf die intendierte, kurzfristige Beeinflussung von Meinungen und Einstellungen von Personen durch eine persuasive Medienbotschaft (vgl. Bonfadelli 2004: 15). Sie folgt zumeist einem „Unterschieds- beziehungsweise einem Veränderungsparadigma" (Trepte 2013: 89). Der Medienwirkungsforschung geht es darum, bestimmte Medieneinflüsse zu bestimmen und von anderen Einflussfaktoren zu unterscheiden und gegebenenfalls ihre Wechselbeziehungen mit weiteren, zum Beispiel personenbezogenen Aspekten herauszufinden (vgl. ebd.). Damit soll, unter Einbezug von Winfried Schulz Medienwirkung als ein Prozess verstanden werden, der;

> „in einem weiten Sinn alle Veränderungen, die - wenn auch nur partiell oder in Interaktion mit anderen Faktoren - auf Medien, bzw. deren Mitteilungen zurückgeführt werden können [, umfasst]. Diese Veränderungen können sowohl direkt die Eigenschaften

> von Individuen, Aggregaten, Systemen, Institutionen betreffen, wie auch den auf andere Weise induzierten Wandel dieser Eigenschaften." (Schulz 1982: o.S.)

Da dieses Verständnis nicht nur psychologische Effekte als Anwendungsverständnis der Medienwirkungsforschung mit anführt, ist dieses für das hier zu skizzierende Forschungsvorhaben gut geeignet.

Auf der individuellen Ebene können Medien Wirkungen auf Kognition, Affekte, Einstellungen und das Verhalten haben (vgl. Schweiger 2013: 19f.; vgl. Trepte 2013: 89). Von einem besonderen Interesse sind hierbei die Affekte beziehungsweise die emotionalen Medieneffekte. Im Zentrum steht hier die Beeinflussung des individuellen Erregungsniveaus von Gefühlen (*Arousal*) beziehungsweise der subjektiv wahrgenommenen Gefühlsempfindungen (*Appraisal*) (vgl. Schweiger 2013: 21; siehe Abschnitt 2.3), die Auswirkungen auf nachfolgende Situationen der Personen haben können. Medien konstruieren neben dem *Agenda Setting* auch *Frames.*

Demnach werden durch die Nutzung bestimmter Stilmittel und Formen der Kommunikation im Framing-Akzentuierungen gesetzt, die einen bestimmten *Frame* durch die Darstellung eines oder mehrerer visueller Kommunikatoren abbildet. Diese erzeugen Affekte bei den Medienrezipient*innen, wie beispielsweise emotionale Reaktionen. Hierbei spielen soziodemographische Charakteristika wie Alter und Geschlecht, aber auch andere sozialdemographische Merkmale eine determinierende Rolle (vgl. Bonfadelli 2002: 20ff.). Besonders relevant für die vorliegende Erhebung ist die Medienwirkungsforschung in der Post-Kommunikativen-Phase. Hier wird analysiert, wie die medial vermittelte Realität eine Alltagswirklichkeit konstruiert. Es werden Makroeffekte betrachtet, welche oftmals (nicht-) intendierte nichtinhaltliche Rückwirkungen auf den sozialen Bereich haben (vgl. ebd.).

Der Framing-Ansatz ist seit den frühen 1990er Jahren ein wichtiges Konzept in den Sozialwissenschaften (vgl. Kamps et al. 2014: 141). Es herrscht eine gewisse terminologische Unschärfe vor. Dennoch werden unter *Frames* überwiegend

> „*Interpretationsmuster* verstanden, mit denen sich Informationen sinnvoll strukturieren, attribuieren, hervorheben und darstellen sowie bewerten, interpretieren und verarbeiten lassen." (Entman 1993: 52, zit. in Kamps et al. 2014: 141, Herv. im Orig.)

In der Framing-Forschung

> „rücken dabei Deutungsmuster in der journalistischen Berichterstattung in den Fokus, die durch ihr häufiges Aufscheinen dem Publikum im Gedächtnis bleiben und so seine Meinung beeinflussen." (Matthes 2007, zit. in Greck 2018: 74f.)

Frames heben nach dem US-amerikanischen Kommunikationswissenschaftler Robert Entman spezielle Aspekte der Realität „auf Kosten anderer“ (Schemer 2013: 157) hervor, da sie bestimmte Problemdefinitionen, Ursachenzuschreibung, moralische Bewertungen und oder Handlungsaufforderung für ein Thema beschreiben (vgl. Entman 1993: 52). Diese vier Bestandteile sind kennzeichnend für einen *Frame* und können als Cluster verschiedener Elemente angesehen werden. Erscheinen häufig die gleichen Kombinationen an Elementen in der Berichterstattung, kann von einem „ausgebildeten Frame“ gesprochen werden (vgl. Greck 2018: 75). Damit beschreibt der Ansatz einen Prozess zwischen der Mediendarstellung und der Rezipient*innenwahrnehmung (vgl. Lamps et al. 2014: 141). Nachrichtenframes sind dabei distinkte Muster von Nachrichtenmedien, welche bestimmte Aspekte einer *Issue* über andere hervorhebt und damit eine Selektion von relevanten Aspekten schafft (vgl. Lecheler et al. 2015: 814). Die Kommunikationswissenschaften unterscheiden vier Ebenen des *Framings*: (1) den Journalismus und die Inhaltsproduktion, (2) die Inhalte selbst, (3) die Öffentlichkeit beziehungsweise die gesellschaftlichen Ebene sowie die (4) Rezipient*innenebene (vgl. Kamps et al. 2014: 141). Es konnte nachgewiesen werden, dass *Medienframes* einen Einfluss auf die Bewertung von Medieninhalten haben (vgl. Lecheler et al. 2013; vgl. Schemer 2013; vgl. Schuck/Feinholdt 2014). Insbesondere in neueren Forschungen werden nicht nur die Grenzen des Framings aufgezeigt, sondern auch hervorgehoben, dass durch die „Berücksichtigung emotionaler Prozesse die Wirkungen von Medienframes auf Einstellungen von Medienrezipient*innen besser erklärt werden können.“ (Kühne et al. 2015: 47) Dabei orientiert sich die Arbeit an folgendem Begriffsverständnis von Medienframes: Sie verknüpfen als textlicher Interpretationsrahmen sowohl eine bestimmte Problemdefinition und Ursachenzuschreibung mit einer expliziten Bewertung und/oder Lösungszuschreibung miteinander beziehungsweise heben eben diese hervor (vgl. ebd.).[20] Das bedeutet, dass ein Fokus auf einzelne Medieninhalte durch die *Frames* erzeugt beziehungsweise betont werden (vgl. Kamps et al. 2014: 141). Unterscheidungen können zudem zwischen *episodischen* und *thematischen Framing*[21] getroffen sowie ihre persuasiven Wirkungseffekte auf emotionalen Reaktionen von Rezipient*innen untersucht werden (vgl.

20 Vgl. zu aktuellen Diskussionen um Asylzentren und *Frames* siehe beispielsweise für das politische Feuilleton Biazza 2018.

21 *Thematische Frames* setzen *Issues* in größere Kontexte, wie zum Beispiel das Thema Arbeitslosigkeit in der Berichterstattung über aktuelle Entwicklungen, und *episodische Frames* präsentieren spezifische Beispiele, wie eine Case-Study (vgl. Gross 2008: 171).

Gross 2008). Dabei generieren episodische Frames stärkere emotionale Reaktionen (vgl. ebd.: 172), wobei zwischen Kurz- und Langzeit-Effekten zu differenzieren ist.

Dieser wirkungszentrierte Ansatz, „ob und inwieweit ‚eine bestimmte Rahmung in den Medien die Vorstellungen, Urteile und Entscheidungen von Rezipienten beeinflusst'" (Kamps et al. 2014: 141), steht im Zentrum des theoretischen Frameworks. Wie und in welcher Form sich Einstellungseffekte zeigen lassen, ist von einer Reihe unterschiedlicher Faktoren abhängig (vgl. ebd.: 141), die in den Abschnitten 2.2 bis 2.4 vorgestellt werden. Zudem wird von dem Ansatz der *frame competition* ausgegangen, der besagt, dass unterschiedliche Frame-Bedingungen auch unterschiedliche Effekte hervorrufen.

Die Stimuli wirken einerseits „statisch" als ein postkommunikatives Produkt und können in einer Effekthierarchie Einstellungen und Affekte beeinflussen, die durch persönliche Dispositionen, Vorwissen und Sozialisationseffekte determiniert werden. Die aufgenommenen Informationen führen demnach zur Bildung von positiven und negativen Einstellungen und Emotionen. Dabei haben Drittvariablen, wie sozialisierte Werte, politische Einstellungen und weitere persönliche Eigenschaften einen Einfluss auf die Affektbildung des erweiterten Stimulus-Organismus-Reaktions-Modells (S – O – R), sodass der beziehungsweise die Rezipient*in und die determinierenden sozialisierten Einstellungen, welche nach Gordon W. Allport als relativ stabile Verhaltenstendenzen gegenüber sozialen Objekten definiert werden, im Zentrum der Medienwirkung stehen (vgl. Bonfadelli 2004: 31f.). Dabei wirken die Medienstimuli als Faktoren in eine Richtung, die bereits bestehenden Einstellungen und Meinungen bestätigen oder verstärken. Daher wird ein kausaler Zusammenhang von Wirkung und Reaktion theoretisch verfolgt. Es wird zudem von einer Äquivalenz von Inhalt und Effekt ausgegangen.[22]

2.2 Visuelle Kommunikation und Diskursanalyse

Nach dem Kommunikationswissenschaftler Marcus Maurer gibt es drei Definitionsreichweiten nonverbaler Kommunikation (vgl. ebd. 2016: 6f.). Für diese Arbeit ist jene interessant, die zwischen einer engen Definition, welche nur intendierte nonverbale Kommunikation umfasst und der weitgefassten Definition liegt, die frei nach dem austro-amerikanischen Intellektuellen Paul Watzlawick,

22 Es soll hier kritisch vermerkt werden, dass dies eines der häufigsten methodischen Kontrollprobleme bei der Analyse von Wirkungsforschungen ist (vgl. ebd.: 36f.; siehe Abschnitt 3.3).

alles als Kommunikation begreift (vgl. ebd.: 7). Demnach umfasst die Definition alle nonverbalen Kommunikationen, die einem gesellschaftlichen Code zuzuordnen sind (vgl. ebd.: 7). Visuelle Kommunikation ist demnach eine Form nonverbaler Kommunikation, „die über den visuellen Kanal transportiert wird" (ebd.: 9). Politische Kommunikation[23] findet in der Gegenwart fast ausschließlich medienvermittelt statt. Nach einer aktuellen Studie stellen Tageszeitungen dabei das zweithäufigste Medium, nach dem Fernsehen, dar (vgl. ebd.: 10). Daher ist nicht nur die Wirkung der Medieninhalte entscheidend, wie es in der Agenda-Setting Forschung untersucht wird, sondern auch eine Meta-Analyse, wie sich die Berichterstattung konstituiert. Im Fokus stehen dabei die leitenden Fragen und Aspekte, wie sich der Diskurs zu einem Thema in den Medien entfaltet und entwickelt, welche Akteur*innen einen Diskurs dominieren und welche Aspekte bleiben wohlmöglich nicht behandelt, welche „blinden" Flecken in der medialen und visuellen Kommunikation entstehen? Spätestens seit dem *visual turn* (vgl. Mitchell 1994) wird im sozialwissenschaftlichen Diskurs die Frage nach dem Sinnerzeugungspotentialen von Bildern forcierter gestellt (vgl. Suber 2018: 177).

Im Sinne einer sozialwissenschaftlichen Diskursanalyse soll der kulturwissenschaftliche Blick[24] auf die Verteilungsmedien durch die Frage nach der Perspektive und Position der visuellen Repräsentation geschärft werden (vgl. Suber 2018: 181; Almstadt 2017: 186; Sauer 2017: 261). Die Repräsentationen gestalten sich durch Bilder, die im Sinne Hans-Georg Soeffners und Jürgen Raab als „Träger und Vermittler sozialen Sinns" (ebd. 2004: 265) verstanden werden können. Visuelle Images vermitteln einfache Botschaften und lassen Gefühle sichtbar werden. Sie bieten Identifikationsflächen und schaffen emotionale Bindungen (vgl. Sülflow/Esser 2014: 290). Besonders visuell-nonverbalen Verhaltensweisen wie Mimik und Gestik, liefern schnell zugängliche und verallgemeinerbare Informationen und lassen „den Körper somit selbst zum Träger von Bedeutungen avancieren" (ebd.: 291). Die Diskursanalyse kann dabei helfen, idealtypische Bilder (Repräsentationen) des *Anderen* hervorzuheben (Phase 1). Weniger wichtig in der Herausarbeitung sind Bildästhetiken oder

23 Der Kommunikationswissenschaftler Winfried Schulz versteht unter politischer Kommunikation jene „die von politischen Akteuren ausgeübt wird, an die sie gerichtet ist beziehungsweise die sich auf politische Akteure und ihre Aktivitäten" (Schulz 2011: 16) beziehen.

24 Maurer stellt zwei Sichtweisen vor, wie mit visueller Kommunikation in Form von Pressebildern umgegangen werden kann; einerseits mit den Methoden der Psychologie oder andererseits mit den Herangehensweisen der Geistes- und Kulturwissenschaften (vgl. ebd.: 9).

der ikonische Sinn des Visuellen (vgl. Suber 2018: 181), als vielmehr die Kontextualisierungen der Bildnisse und die Erzeugung des *Anderen* durch Macht, Kultur und Identitätskonstruktionen. Diese „Träger" haben bei der Rezeption Auswirkungen auf das Denken und Handeln der Medienkonsument*innen. Hierfür ist es notwendig, im Kontext sozialpsychologischer Ansätze (Phase 2), die Wirkung idealtypischer Bilder im Kontext von Framing-Effekten zu untersuchen. Aktuelle Beiträge aus der Kommunikationsforschung betonen, dass die gesetzten positiven, aber vor allem negativen medialen Frames Einfluss auf die Einstellungen von Bürger*innen und Politiker*innen haben können (vgl. Greck 2018).

Die Kommunikationswissenschaftlerin Regina Greck identifiziert für den Fall Deutschlands vor allem im Kontext der Berichterstattung über das Thema *Flüchtlingskrise* Frames wie Integration, Lösung und Kapazität (vgl. ebd.: 83). Allgemeine mediale Themen sind darüber hinaus Überfremdung, Gefahr für den Wohlstand und Kriminalität (vgl. ebd.: 73; vgl. Seng 2018: 122). Im Kontext der Frage der Integration stellen Frames wie Lösungen, aber auch Überfremdung zentrale Framings dar, welche zum Teil bereits in Vorgängerstudien aufgegriffen wurden (vgl. Lecheler et al. 2015). Da die sogenannte Überfremdung ein wiederkehrender Frame ist, der im Zusammenhang mit Fluchtmigration im deutschsprachigen Diskurs gesetzt wird, sind es Aspekte von Fremdheit aber auch der des Auflösens von Fremdheit, welche genauer betrachtet werden müssen. Hierfür soll im Folgenden geklärt werden, was in dieser Arbeit unter den Begriffen Integration und Fremdheit verstanden und welche Bedeutung der Kontakthypothese nach Gordon W. Allport für diese Forschung beigemessen wird.

2.3 Integration und die Kontakthypothese nach Gordon W. Allport

Im Kontext der Integrationsleistung einer Gesellschaft haben Medien eine entscheidende gesellschaftliche Aufgabe als Vermittler von Integrationsdiskursen und als soziostruktureller Infrastrukturfaktor (vgl. Filipovic 2018: 27). Dabei stellt Integration den

> „erwünschte[n] sozialen Prozess [dar], der die Teile einer Gesellschaft (Individuen, Institutionen, Gruppen) unter Mitwirkung ihres Bewusstseins mehr oder weniger stark zum Ganzen dieser Gesellschaft verbindet." (Pöttker 2005: 40f., zit. in Filipovic 2018: 26)

Der Sozialwissenschaftler Horst Pöttker betont, dass dabei sowohl Ähnlichkeiten und Einigkeit der gesellschaftlichen Teile, als auch die Verschiedenheiten und die Auseinandersetzungen zwischen den Teilen in einem zu „optimierenden Verhältnis von Bedeutung sind" (ebd. 2005: 40f.). Relevant ist der unmittelbare

Kontakt daher, da die Mehrheit einer Bevölkerung nur durch die mediale Berichterstattung Wissen über Themen wie Flüchtlinge bezieht (vgl. Neuburger et al. 2019: 170; vgl. Luhmann 2017: 9). Medien erfüllen daher soziale Funktionen, wie die der Sozialisation, da sie Werte, Normen, Leitbilder und Denkformen sowie Verhaltensweisen vermitteln (vgl. Burkart 2002: 383ff.). Durch die Medien, welche insbesondere Migrant*innen aus überwiegend muslimischen Ländern in einem Bedrohungs-Framework setzen (vgl. Lecheler et al. 2015: 815), entsteht ein vermeintlicher *News Bias* (vgl. Burkart 2002: 278), der durch das Framing der Berichterstattung entsteht (siehe Abschnitt 2.1). Daher besteht die Annahme, dass Personen die vermehrten Kontakt mit Flüchtlingen haben, weniger negativ auf flüchtlingsbezogene Berichterstattungen reagieren. Das Framing steht dabei in zentraler Funktion bei der Emotionsbildung. Frames, die eher lösungsorientiert sind, wie diejenigen die durch scheinbare Versachlichung durch sogenannte Sachverständige oder gesellschaftliche Schlüsselakteure konstruiert werden, haben eine andere Wirkung, wie Frames, die eben eine bedrohliche Fremde suggerieren.

Diese, im Kontext der rezenten Fluchtmigration nach Europa, konstruierte (orientale) Fremde ist eine soziale Konstruktion im kulturellen, wie auch psychologischen Sinne (vgl. Baumann 2006: 20; vgl. Küchenhoff 2017: 23). In der Psychologie gibt es mannigfaltige Ansätze zur Erklärung von Fremd- und Feindkonstruktionen. Der Sozialpsychologe Rolf Haubl beschreibt in seinem Übersichtsaufsatz die binäre Konstruktion von Fremd- und Eigenheit in sieben Stufen: Nach der Unterscheidung des „mich und meinesgleichen" gibt es Fremde (1) die „wesensgemäß" „anders als ich und meinesgleichen" sind (2). Im weiteren Schritt folgt eine Polarisierung, dass die Eigenart des Anderen mit dem Eigenen unvereinbar ist (3). Abwertungen (4) und scheinbare Rationalisierungen, dass die Anderen „weniger wert" seien, sind die Folge. Eine Generalisierung (5), dass alle Fremden wesensgemäß anders sind als man selbst (6) ist die Schlussfolgerung der Exklusion. Im letzten Schritt erfolgt eine Typisierung, dass „[j]eder Mensch [...] sich *ausschließlich als Angehöriger seiner sozialen Gruppe* [verhält]. Deshalb wird sich keiner der Fremden jemals so wie ich und meinesgleichen verhalten, so wie ich und meinesgleichen uns nie wie einer der Fremden verhalten werden." (Haubl 2017: 9f., Herv. im Orig.)

Als zentrale Operatoren für die Feindbildkonstruktion sieht er die Hass-Sprache (vgl. ebd. 11) und neue soziale Medien, wie Facebook, aber auch traditionelle journalistische Medien als Multiplikatoren. Haubl betont, dass heutige Fremdenfeindlichkeit auch ohne existierende „Fremde" operiert. Das heißt, dass diese Einstellungsmuster langfristige wirkende Werte sind, welche „eher von Fantasien" (ebd.: 12) zeugen, als von realen Alltagserfahrungen. Demnach bestätigt sich auch hier, dass Kontakt zur „Fremdgruppe", derartige Feindbilder und Vorurteile abbaut.

Hinsichtlich der Unsicherheit im Umgang und Kontakt mit Geflüchteten empfehlen auch renommierte Forscher*innen, in einem rezenten Schreiben an die deutsche Bundesregierung, dass unmittelbarer Kontakt zum Abbau von Vorurteilen und Ängsten gegenüber den Neuangekommenen führt. Damit bestätigen sie die 1954 veröffentlichte ‚Kontakthypothese' des Sozialpsychologen Gordon W. Allport, die im Kontext der sogenannten „Rassenunruhen" der 1950er Jahre in den USA entstand (vgl. Schwenkenbecher 2015). Aktuelle Studien zum Thema sozialräumlicher Integration von Flüchtlingen in Deutschland (vgl. Friedrichs et al. 2017; vgl. Landmann et al. 2017) bestätigen diese über 60 Jahre alte Hypothese, die im Folgenden kurz erläutert werden soll: Die Hypothese besagt, dass der „Kontakt zu Personen aus einer anderen Gruppe die Vorurteile gegenüber der gesamten Gruppe verringert" (Landmann et al. 2017: o.S.). Vorurteile stellen meistens negative Einstellungen gegenüber einer anderen Gruppe beziehungsweise einer einzelnen Person aufgrund der assoziierten Gruppenzugehörigkeit dar (vgl. ebd.). Die Autor*innen beziehen sich in ihrem Lösungsansatz zur Verringerung von Vorurteilen auf über 500 Studien mit mehr als 250.000 Respondent*innen, die 2006 in einer Metaanalyse zusammengefasst wurden und den Zusammenhang zwischen Kontaktfrequenz und Vorurteile validieren (vgl. ebd.). Sie betonen, dass Vorurteile gegenüber „Fremdgruppen" relevant für Verhaltensabsichten gegenüber dieser Gruppe sind. Neuere Studien zeigen allerdings, dass nicht nur die Kontakthäufigkeit, sondern auch die Emotionen, im Besonderen *Angst* und *Empathie*, eine besondere Rolle im Umgang mit Fremdgruppen darstellen (vgl. ebd.). Die Sozialpsycholog*innen fassen zusammen; „[j]e geringer die Angst und je stärker die Empathie, desto geringer sind wiederum die Vorurteile" (Pettigrew/Tropp 2008).

2.4 Werte und Emotionen als Gegenstände der Sozialforschung

Im folgenden Kapitel werden wesentliche Konzepte vorgestellt, die für die Operationalisierung in Kapitel V relevant sind, um ein tieferlegendes Verständnis für das komplexe Zusammenspiel von Wertbildungen, emotionalen Reaktionen durch Medienframes sowie die gesellschaftlichen Voraussetzungen für Phänomene wie Rassismus zu schaffen. Hierfür wird auf einen Literaturkanon zurückgegriffen, der sich aus soziologischen, psychologischen, kommunikations-, politik- und kulturwissenschaftlichen Referenzwerken zusammensetzt. Die Persuasionsforschung geht davon aus, dass Medieninhalte Effekte auf Einstellungen haben (vgl. Schweiger 2013: 22). Einstellungen selbst bilden sich aus einer „Kombination von Kognition und Affekten, denn sie setzen immer ein Mindestmaß an Wissen über das Bewertungsobjekt und seine Eigenschaften voraus" (ebd.: 22). Bewertungen, Meinungen und Werte sowie Images gelten als verwandte Konstrukte. Einstellungen haben zudem eine Verhaltenskomponente, da in den meisten Fällen ein individuelles Verhalten von Einstellungen beziehungsweise Konationen prädeterminiert werden, auch wenn gemessene Zusammenhänge eher gering sind (vgl. ebd.).

2.4.1 Werte

In der Alltagssprache wird der Wertbegriff in einer vielfältigen und inkonsistenten Weise genutzt[25] (vgl. Verwiebe et al. 2018b: 181). Mit dem Begriff können Wünsche beziehungsweise Erwünschtes verbunden sein, wobei der Begriff als Synonym für Phänomene wie Interessen, Einstellungen, Motivation, Ziele und Präferenzen gebraucht werden kann (ebd.). Werte können als allgemeine Richtlinien in Bezug auf das, was Menschen für sich selbst und ihre Gesellschaften als richtig und gut erachten, definiert werden. Sie geben Orientierungen hinsichtlich des individuellen Verhaltens und den Beziehungen, die Menschen zueinander und der Natur und Umwelt führen (vgl. Haller/Müller Kmet 2018: 51). Werte und Werteinstellungen werden in der Soziologie eine hohe Relevanz für gesellschaftlichen Zusammenhalt beigemessen. Ansätze der Sozialpsychologie gehen davon aus, dass universell geltende Grundwerte wie Sicherheit, Tradition, Hedonismus oder Universalismus existieren (vgl. Verwiebe et al. 2018b: 181). Dabei ist hervorzuheben, dass entwicklungspsychologische Ansätze argumentieren;

> „dass sich die moralische Entwicklung einer Person über bestimmte hierarchische Stufen vollzieht, deren Beginn bei der Perspektivenübernahme von primären Bezugspersonen verortet wird und sich im Laufe des Jugendalters auf größere Gruppen bis hin zu universalistischen Prinzipien ausbreitet." (Verwiebe et al. 2018b: 182)

In pädagogischen Überlegungen wird davon ausgegangen, dass Wertebildung ein Prozess ist, in dem Menschen im Verlauf ihrer Persönlichkeitsentwicklung Werte beziehungsweise Werthaltungen in der Auseinandersetzung mit der

---

25 In den Humanwissenschaften wird der *Werte*-Begriff ebenfalls uneinheitlich definiert. Eine etablierte Definition besagt demnach, dass „Werte eine Auffassung vom Wünschenswerten, die explizit oder implizit sowie für ein Individuum oder für eine Gruppe kennzeichnend ist und welche die Auswahl der zugänglichen Weisen, Mittel oder Ziele des Handelns beeinflusst." (Klages 1989: 807)

sozialen Umwelt durch das Erleben und das Reflektieren entwickeln. Es handelt sich also um ein individuelles Wechselspiel von Vermittlung und Internalisierung von Werten (vgl. Verwiebe et al. 2018b: 182). Der Soziologe Hans Joas geht in seinem viel rezipierten Werk „Die Entstehung der Werte" davon aus, dass Werte von Menschen weder gewählt noch in ihnen erzeugt werden können. Sie sind vielmehr mit subjektiven Erfahrungen verknüpft (vgl. ebd.: 183). Wertorientierungen werden aber auch durch den Kontakt mit „neuen Menschen und durch biographische Lebensereignisse beeinflusst" (Bacher et al. 2018: 72). So wird beispielsweise seit dem „langen Sommer der Migration" der politische Versuch durchgeführt, zugewanderten Personen im Zuge erster Integrationsmaßnahmen Werte in sogenannten „Wertekursen" zu vermitteln (vgl. Verwiebe et al. 2019: 239). Dem liegt der Versuch zu Grunde, „genuin nationale Werte" festzulegen, die eine Werthomogenität suggerieren, die einer pluralistischen Gesellschaft gegenüberstehen, in dem es nicht nur den einen Wertekanon geben kann (vgl. ebd.: 239f.).

Der israelische Sozialpsychologe Shalom H. Schwartz hat dabei die vermeintlich umfassendste Typologie zur Erfassung von Werten entwickelt (vgl. Haller/Müller Kmet 2018: 53). Definitorisch sind Werte demnach Vorstellungen von dem was für eine Person im Leben wichtig ist (vgl. ebd.). Schwartz extrahiert aus dem Grundwerte- (*terminal values*) Ansatz von Milton Rokeach[26], welche für alle Menschen grundlegend gleich konzipiert wurde, sowie aus einer ergänzenden Liste aus instrumentellen Werten[27], welche sich auf bestimmte Einstellungen und Verhaltensweisen beziehen, eine Liste von zehn Grundwerten. Diese können in vier Wertetypen höherer Ordnung zusammengefasst werden (siehe Haller/Müller Kmet 2018: 54f.). Die vorgestellte Wertorientierung kann dabei helfen, einen systematischen Ansatz zu bilden, um grundlegende Werteinstellungen und Einstellungen zur Arbeitsmarktintegration von Geflüchteten zu fassen (vgl. Verwiebe et al. 2019: 240). Folgende Abbildung 1 soll die Konzeptualisierung von Shalom H. Schwartz verdeutlichen. Die Werte gelten als universal, da sie universelle Erfordernisse der menschlichen Existenz und des sozialen Zusammenlebens gewährleisten, können diese Wertorientierungen auch für die österreichische Gesellschaft angewendet werden. Sie umfassen Aspekte des

26 Dieser Ansatz umfasst die Werte: *Freundschaft, Liebe, Selbstrespekt, Glück, Gleichheit, Freiheit, Lust, Weisheit* und *Seelenrettung* (vgl. Haller/Müller Kmet 2018: 54).

27 Diese bestimmten Einstellungen umfassen die Werte: *Freundlichkeit, Ambition, Ordentlichkeit, Mut, Ehrlichkeit, Unabhängigkeit* und *Verantwortungsbewusstsein* (vgl. Haller/Müller Kmet 2018: 54).

gesellschaftlichen Miteinanders, wie die Ermittlung kooperativer und unterstützender Beziehungen zwischen Mitgliedern, Werte die die Individuen motivieren Zeit und Energie in produktive Tätigkeiten zu investieren und auch selbstbezogene Bedürfnisse zu legitimieren (vgl. Haller/Müller Kmet 2018: 55).

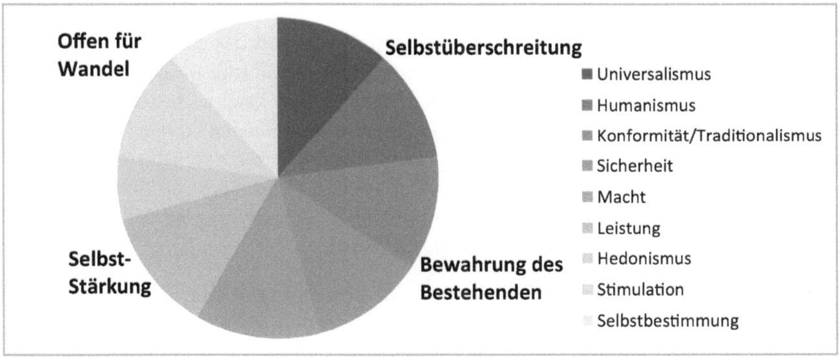

Abb. 1 *Wertorientierung nach Shalom H. Schwartz*
Quelle: Schwartz o. Datum, S. 3.

Das Schema in Abbildung 1 der „Basic Human Values“[28] stellt bipolare Dimensionen dar, wobei die gegenüberliegenden Dimensionen unvereinbar sind. Hedonismus und Stimulation beziehen sich dabei auf individuelle Bedürfnisse, Präferenzen und Ziele. Macht kann als Koordination des Handelns in einer Gruppe von Menschen angesehen werden. Leistungsorientierung, Selbstbestimmung, Konformität und Tradition beschreiben individuelle Verhaltenstendenzen. Nicht enthaltende Werte wie Gleichheit, Freiheit und Gerechtigkeit können als Teil der Selbstbestimmung beziehungsweise des Universalismus verordnet werden (vgl. Haller/Müller Kmet 2018: 55f.).

2.4.2 Emotionen

Ein zentrales Problem mit der Arbeit im Bereich der Emotionen ist die definitorische Unsicherheit bei den verwendeten Konstrukten (vgl. Keil 2005: 135).

28 Definitionen der Schwartz-Werttypologie auf Deutsch siehe Verwiebe et al. 2019: 243.

Emotionen lassen sich als ein

> „komplexes Interaktionsgefüge subjektiver und objektiver Faktoren definieren, die sich aus affektiven, kognitiven, konativen und physiologischen Komponenten zusammensetzten. Die *affektive Komponente* besteht aus dem subjektiven Erleben von Situationen, das mit Gefühlen von Erregung, von Lust bzw. Unlust verbunden ist. Die *kognitive Komponente* bezieht sich darauf, wie emotionsrelevante Situationen wahrgenommen und bewertet werden. Mit der *konativen Komponente* wird das Ausdrucksverhalten angesprochen. Hierzu zählen die Gesichtsmimik, der stimmliche Ausdruck, die Gestik sowie die Kopf- und die Körperhaltung. Weiter gefasst kann auch die handlungsvorbereitende Funktion von Emotionen als konative Komponente verstanden werden. Schließlich umfasst die *physiologische Komponente* periphere körperliche Reaktionen, die vom vegetativen Nervensystem vermittelt werden (physiologische Erregung), so z. B. Erröten, Veränderungen der Herzrate, Veränderungen der Atmung und Schwitzen der Hände." (Schramm/Wirth 2006: 27, eigene Herv.)

Davon zu unterscheiden sind Stimmungen beziehungsweise Gefühlszustände, die als kleine, *low-level* Emotionen angesehen werden können, da sie weniger intensiv und objektbezogen und von größerer Dauer sind (vgl. Otto et al. 2000: 11f.). Gefühl steht im Deutschen für eine enge Definition von Emotion, „die die subjektive Erlebnisqualität als ein Teil der Emotion in den Mittelpunkt rückt. Der englischsprachige Begriff *affect* hingegen wird synonym beziehungsweise als Oberbegriff für Emotionen genutzt" (ebd., Herv. im Orig.).

In der Literatur wird eine unterschiedliche Anzahl an emotionstheoretischen Konzepten diskutiert[29] (siehe hierfür Schramm/Wirth 2006). Für diese Arbeit sind hierbei *Appraisal*-theoretische Ansätze relevant, die auf der *Attributionstheorie* des US-amerikanischen Psychologen Bernard Weiner (1985) aufbauen. Demnach sind Emotionen das Ergebnis eines mehrstufigen Prozesses, in dessen

---

29 Die Psychologen Jürgen H. Otto, Harald A. Euler und Heinz Mandl (2000) betonen einleitend in ihrem „Handbuch der Emotionspsychologie", dass eine voraussetzende exakte Bestimmung von Emotionen nicht gegeben werden, beziehungsweise diese nur eine vorläufige Arbeitsdefinition sein kann (vgl. ebd.: 11). Sie weisen darauf hin, dass in über 100 Definitionen der kleinste gemeinsame Nenner folgende Arbeitsdefinition sei, die oben von Schramm und Wirth (2006) in einer abgewandelten aber dennoch multidimensionalen Form genannt wurde: „Emotion ist ein komplexes Interaktionsgefüge subjektiver und objektiver Faktoren, das von neuronal/hormonalen Systemen vermittelt wird, die (a) affektive Erfahrungen, wie Gefühle der Erregung oder Lust/Unlust, bewirken können; (b) kognitive Prozesse, wie emotional relevante Wahrnehmungseffekte, Bewertungen, Klassifikationsprozesse, hervorrufen können; (c) ausgedehnte physiologische Anpassungen an die erregungsauslösenden Bedingungen in Gang setzen können; (d) zu Verhalten führen können, welches oft expressiv, zielgerichtet und adaptiv ist." (Schramm/Wirth 2006: 14)

Verlauf negativ bewertete, unerwartete, wie auch subjektiv besonders bedeutsame Ereignisse interpretiert und hinsichtlich ihrer Ursachen analysiert werden (vgl. ebd.: 28). Die Emotionsgenese ist eine „Abfolge von weitgehend unwillkürlichen und automatischen, bisweilen aber auch reflektierten kognitiven Prozessen" (ebd.). „[D]ie kognitive Bewertung (appraisal) ist dabei ein zentraler Prozess, der nicht nur für die Entstehung, sondern auch für die kontinuierliche und rekursive Informationsverarbeitung (reappraisal) einer Emotion als wesentlich angesehen wird." (Otto et al. 2000: 14)

In der *Feeling-as-Information Theory* von Norbert Schwarz (2010) wird davon ausgegangen, dass Rezipient*innen Gefühle als Grundlage für Werteurteile bei der Aufnahme von Informationen nutzen. Die Theorie setzt sich aus insgesamt vier Postulaten zusammen. Das erste besagt, dass Rezipient*innen Gefühle als Information zur Fällung von Urteilen nutzen, wobei verschiedene Arten von Gefühlen Grundlage verschiedener Arten von Informationen sind (vgl. ebd.: 8). Kognitive Gefühle informieren über das eigene Wissen und körperliche Gefühle über jegliche physiologischen Erregungen. Das zweite Postulat besagt, dass der Einfluss von Gefühlen bei der Urteilsbildung von dem wahrgenommenen informativen Wert abhängt. Rezipient*innen gehen einerseits davon aus, dass sich die erlebten Gefühle auf das beziehen was gerade konsumiert wird, andererseits wird ein informativer Wert geringer wahrgenommen, wenn das Gefühl einer zufälligen Quelle zugeschrieben wird, wenn die Rezipient*innen merken, dass das Gefühl nicht durch das Zielobjekt, sondern durch eine andere Quelle erlebt wird. Veränderungen in der Gefühlswahrnehmung sind informativer als stabile Gefühlszustände. Das dritte Postulat besagt, dass Gefühle nur als Informationen genutzt werden, wenn der Informationswert nicht in Frage gestellt wird. Die Wirkung der Gefühle steigt, wenn die Relevanz höher erscheint. Das vierte und letzte Postulat stellt dar, dass der Verarbeitungsweg der Informationen beziehungsweise der Gefühle je nach Einschätzung des Kontextes anders gewählt wird. Beispielweise fällt die Verarbeitungen von gewohnten Inhalten oder in bereits bekannten Situationen leichter als in unbekannten Situationen (vgl. Schwarz 2010: 32).

2.5 Theoretisches Framework: Zusammenführung der Ansätze

Die Zusammenstellung der in Abschnitt 2.1 bis 2.4 vorgestellten Konzepte, die als Hilfsinstrumente dienen um die Medienwirkung auf das Publikum zu erfassen, sollen in einem übergeordneten Medienwirkungs-Ansatz kumulieren. Dieser Ansatz soll helfen, die Wahrnehmung des Themas der Arbeitsmarktintegration von Flüchtlingen bei den Medien Rezipient*innen zu untersuchen. Demnach stellt das Framing eines Medieninhaltes das Zentrum der vorliegenden Einbettung dar. Die

Art des Framings dient als Grundlage für die „Aktivierung von Ausländerstereotypen“ aber auch für die „Aktivierung von emotionalen Reaktionen als Folge der Medienrezeption“ (vgl. Schemer 2013: 153). Wenn ein*e Rezipient*in mit Medienbeiträgen über beispielsweise ethnische Minderheiten konfrontiert ist, „dann hat sie oder er unter Umständen bereits einige Vorstellungen von Minderheiten“ (Schemer 2013: 154; siehe 2.3). Diese werden durch eine bestimmte Framesetzung spezifiziert, wie beispielsweise durch Issues, wie den Kosten für die Steuerzahlenden oder Integrationsprobleme durch konstruierte kulturelle Andersartigkeit. Die Personen empfinden spezifische Emotionen gegenüber dieser Gruppe (wie zum Beispiel „Angst“ (vgl. Abschnitt 1.5)) und verfügen bereits über gewisse Einstellungsurteile in diesem Kontext, wie zum Beispiel Präferenzen für einen liberalen oder restriktiven Umgang mit Geflüchteten auf dem Arbeitsmarkt (siehe 2.3). Diese Überzeugungen, Emotionen und Einstellungsurteile stellen demnach Knoten im kognitiven Netzwerk eines Individuums dar und können mehr beziehungsweise weniger stark miteinander verbunden sein (vgl. Schemer 2013: 154). Zeitgleich haben diese unterschiedlichen Knoten eine „unterschiedliche Valenz im Sinne einer positiven oder negativen Bewertung“ (ebd.: 154f.). Die Aktivierung eines bestimmten Konzepts, wie der von Stereotypen über bestimmte kulturelle Andersheit und der Unvereinbarkeit mit dem Eigener, durch einen Medienbeitrag „führt zur Aktivierung von damit verbundenen Knoten und unterdrückt Konzepte, die nicht damit in Verbindung stehen“ (ebd.: 155). Dieses *spreading activation* führt dazu, dass „[j]e stärker die Verbindung zwischen einzelnen Knoten ist, desto stärker werden sie mit aktiviert. […] Je häufiger Kognitionen aktiviert werden, desto stärker sind sie situativ und chronisch verfügbar“ (Schemer 2013: 155).

Hinsichtlich des Medien-Framing-Effekts, wie in Abschnitt 2.1 dargelegt, stellt Framing „eine journalistische Selektion und Betonung bestimmter thematischer Aspekte der Realität [dar], die einen Interpretationsrahmen für das Publikum bieten“ (Schemer 2013: 157). Da die Erforschung von Medienwirkungen nicht mehr mit äquivalenten Entscheidungssituationen in Experimenten zu tun hat, sondern mit „unterschiedlichen Perspektiven auf ein medial dargestelltes Problem“, werden im sogenannten *Emphasis Framing* Rezipient*innen „in Experimenten nicht exakt die gleichen Informationen, sondern je nach Framing unterschiedliche Informationen, die eine bestimmte Perspektive betonen und eine andere vernachlässigen“ (ebd.: 158), vorgelegt. Demnach wird ein Medienbeitrag hinsichtlich verschiedener, theoretisch fundierter Frames, welche in der Forschungsphase 1 mittels einer Diskursanalyse ermittelt werden, manipuliert, und die Einflussstärken dieser Frames mit Hilfe eines Gruppenexperimentes analysiert (Forschungsphase 2). Durch die Multimedialität der Medien soll hierbei das Framing über visuelle Aspekte generiert werden (siehe

2.2), da die Beitragsbilder einen zusätzlichen Sinn erzeugen, welcher durch die Rezipient*innen wahrgenommen wird. Für den Prozess des Framings sind individuelle Charakteristika wie persönliche Werte, aber auch für Einstellungen gegenüber anderen gesellschaftlichen Gruppen entscheidend, da diese Sinnerzeugung durch sozialisatorische Voraussetzungen determiniert sind (siehe 2.4.1). Die emotionalen Reaktionen, die das jeweilige Framing hervorbringt, können Folgen für themenbezogene Einstellungs- und Handlungsmuster haben (siehe 2.4.2). Die folgende Abbildung 2 soll die hier erläuterte theoretische Einbettung visualisiert darstellen.

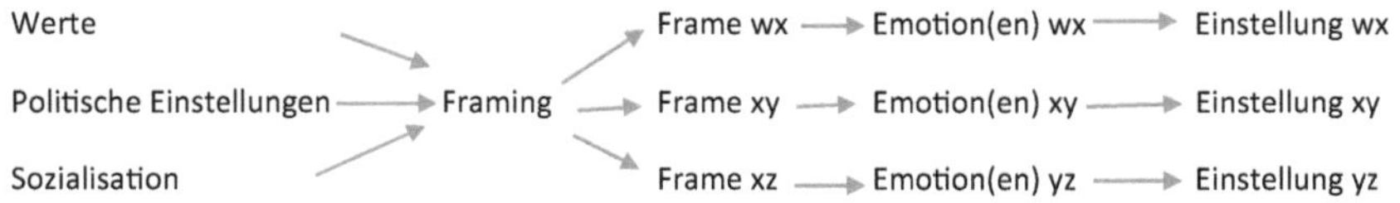

Abb. 2 *Theoretisches Framework*
Quelle: eigene Darstellung.

Da ein wesentlicher Fokus auf die Frage gesetzt wurde, wie Medieninhalte Einstellungen beeinflussen, werden kapitelabschließend noch einige Grundlagen der Persuasionsforschung genannt. Die Kommunikationswissenschaftler Werner Wirth und Rinaldo Kühne betonen, dass der Persuasionsbegriff (lat. „überreden, überzeugen") nicht unumstritten ist (vgl. ebd. 2013: 314). Es geht den meisten Autor*innen bei der Anwendung des Begriffs um die Veränderung des mentalen Zustands einer Person, nach dem diese bestimmte intendierte Informationen wahrgenommen hat (vgl. ebd.). Die Reaktionen auf persuasive Botschaften entfalten sich dabei auf unterschiedliche Weisen. Die relevantesten Wirkungen sind jene auf Einstellungen. Diese werden zum einen von konkreten Vorstellungen und zum anderen von abstrakteren Werten (siehe 2.4.1) unterschieden (vgl. Wirth/Kühne 2013: 315). Unter einer Einstellung ist dabei „eine zeitlich relativ stabile, durch Informationsverarbeitungs- und Lernprozesse erworbene Bereitschaft, in positiver oder negativer Weise auf eine bestimmte Klasse von Objekten [...] zu reagieren" (Wirth/Kühne 2013: 315) zu verstehen.

Die Forschung unterteilt zwischen ein- und dreidimensionale Einstellungskonzepten. Letztgenanntes unterscheidet zwischen affektiven (Emotionen), kognitiven (Meinungen) sowie konative Komponenten (Handlungsabsichten). Da besonders die dritte Komponente im Rahmen der Forschung von Interesse ist, aber nicht in diesem Rahmen in einem überzeugenden Experiment untersucht werden kann, soll sich auf das eindimensionale Konzept beschränkt werden, welches die Valenzdimension (positiv versus negativ) ermittelt (vgl. Wirth/Kühne 2013: 315). „Einstellungen übernehmen wichtige Funktionen für das Alltagshandeln" (ebd.), da sie eine Wissens-, eine instrumentelle sowie eine Identitätsfunktion übernehmen.

Neben einer Vielzahl psychologischer Theorien und Modelle der Persuasion gibt es einen Ansatz, welcher stark von den Kommunikationswissenschaften geprägt ist. Demnach stehen beim wirkungsorientierten Framing-Ansatz Eigenschaften der persuasiven Botschaft im Mittelpunkt, also dem verwendeten Frame im Zentrum der Überlegungen (vgl. ebd.: 319). Typische Wirkungen sind beispielsweise die Zustimmung beziehungsweise Ablehnung zu einem Thema. Aus diesem Prozess resultieren Einstellungseffekte. Das kann unter anderem durch eine tiefgründige Verarbeitung erklärt werden, in der die Rezipient*innen über die Verknüpfungen reflektieren, die „in einem Medien-Frame vorgenommen werden" (ebd.: 320). Medienframes beeinflussen, welche Informationen für die Beurteilung eines Themas beziehungsweise eines Gegenstandes verwendet werden. Bei einer oberflächigen Verarbeitung führen die hervorgehobenen Aspekte dazu, dass diese die Zugänglichkeit entsprechender Kognition im Gedächtnis erhöhen. Diese Anwendbarkeits- und Zugänglichkeitseffekte beeinflussen welche Informationen Medienrezipient*innen bei Urteilen verwenden und können darüber hinaus deren Einstellungen bestimmen (vgl. ebd.: 320). Als zentrale Persuasionsfaktoren sind neben Persönlichkeitsmerkmalen auch dauerhafte Dispositionen, wie auch situative Merkmale wie Voreinstellungen und Stimmungen zu nennen (vgl. ebd.: 323).

Im Anschluss werden das Forschungsdesign der Arbeit sowie die methodologischen Überlegungen vorgestellt. Der Aufbau orientiert sich an der angestrebten Forschungslogik: der Einbettung in ein Mehrmethoden Design; der Forschungsphase 1, der Ermittlung und Erforschung der Bedeutung der visuellen Elemente (Frames) in der medialen Berichterstattung, gefolgt von der Forschungsphase 2, der Ermittlung der emotionalen Reaktionen auf die Frames.

III FORSCHUNGSDESIGN und METHODEN

3.1 Mixed Methods Design

„There is a distinct tradition in the literature on social science research methods that advocates the use of multiple methods." (Jick 1979: 602) Allerdings ist die Integration von qualitativen Forschungsparadigmen in quantitative Forschungsdesigns eine neuere Entwicklung im Feld der Mixed Methods in den Sozialwissenschaften (vgl. Denzin 2012). Aufgrund epistemologischer Bedenken galt die Verbindung qualitativer und quantitativer Ansätze lange Zeit als unvereinbar (vgl. Flick 2011: 75). Eine integrative Sozialforschung orientiert sich am Untersuchungsgegenstand. Daher unterliegt die Wahl der Methoden nicht nur einem Forschungspragmatismus, sondern auch einer theoretischen Begründung, die die Verbindung von Forschungsansätzen erläutert (vgl. Flick 2011: 9). Triangulation heißt, dass ein Forschungsgegenstand von mindestens zwei Punkten aus betrachtet wird (vgl. ebd.: 11). Dies wird hinsichtlich des Ausgangsproblems, der emotionalen Wirkung von Medienrezipient*innen, wenn sie arbeitsmarktintegrative Themen zur Issue Flüchtlinge lesen, deutlich. Haben visuelle Stimuli Auswirkungen auf das Framing des Medienartikels? Und welche visuellen Bildtypen gibt es überhaupt im Kontext des Diskurses „Arbeitsmarktintegration von Flüchtlingen?" Da sich der ersten Frage nur im Anschluss an die Zweite angenähert werden kann, müssen pragmatische, als auch theoretisch fundierte Methoden hierfür identifiziert werden.

Um Bildtypen aus Medienartikeln zu identifizieren bieten sich qualitative und quantitative Analyseverfahren an. Eine Möglichkeit ist hierbei eine quantitative Inhaltsanalyse, in der die Bilder codiert werden. Eine finale Auswahl könnte eine Grundlage für eine Folgeanalyse sein, um die erste Frage zu beantworten: Welchen Einfluss hat die Art der visuellen Repräsentation in arbeitsmarktbezogenen Artikeln zum Thema Flüchtlinge in Österreich. Allerdings repräsentieren Bilder oftmals mehr und stehen nicht losgelöst zum Diskurs und der Diskursentwicklung. Sie konstituieren aus einer konstruktivistischen Sichtweise den Diskurs mit und haben daher einen Beitrag an der Konstruktion der Realität. Dies tun diese ohnehin als Teil der Verbreitungsmedien. Aufgrund der inhärenten Macht und Wirkung, die die Bilder in den Artikeln haben, scheint eine Diskursanalyse eine geeignete Methode, um in einer ersten Phase die Bilder des Diskurses zu analysieren.

Die Grundannahme ist, wenn von Realität gesprochen wird, dann als eine gesellschaftlich konstruierte Wirklichkeit im Sinne der Wissenssoziologen Peter

L. Berger und Thomas Luckmann (2004). Aufgrund methodologischer Vorüberlegungen erscheint es brauchbar, in Abgrenzung zu anderen diskurstheoretischen Forschungsprogrammen, mit dem Wissenssoziologischen Diskursanalysekonzept (WDA) nach Reiner Keller zu arbeiten. Die WDA vereint diskurstheoretische Überlegungen Michel Foucaults mit wissenssoziologischen Ansätzen von Berger und Luckmann (vgl. Keller 2010: 243; vgl. Keller 2013: 24). Dadurch wird zum einen der hermeneutisch-interpretative Charakter im Forschungsprozess an sich hervorgehoben, welcher durch den Anschluss an sozialwissenschaftliche Paradigmen auf eine „gewisse Transparenz und Nachvollziehbarkeit der Arbeit am Text“ (Keller 2010: 243) abzielt. Durch den sinnverstehenden Zugang stellt die WDA mit ihrem qualitativen Forschungsinteresse ein interpretatives Paradigma dar (vgl. Keller 1999: o.S.).

Diese werden unter anderem anhand medial-kommunikativer Praktiken produziert, reproduziert und manifestiert, sodass textbezogene Analysen einen Zugang zu der Rekonstruktion der Wissensvorräte darstellen können. Sozialwissenschaftliche Relevanz können sie unter der Voraussetzung beanspruchen, wenn „sie sich nicht in Aussagen über den jeweiligen Text erschöpfen, sondern einen Zugang zur sozialen Wirklichkeit bieten“ (Lemke/Stulpe 2015: 53).

Damit stellt die WDA ein unterstützendes methodisches Werkzeug der Phase 2 dar und liefert als ein exploratives Verfahren für die weiterführende Analyse Ansätze zur Hypothesen-Generierung. Diese Art des qualitativen-quantitativen Mixed Methods Designs heißt *Facilitation* (vgl. Flick 2011: 75f.) und grenzt sich von anderen methodischen Verfahren dadurch ab, dass die Methoden nicht komplementär und nicht triangulativ sind, da sie sich nicht gegenseitig überprüfen (vgl. ebd.).

Im Schwerpunkt des Forschungsinteresses steht die Frage, welchen Einfluss die Art der bildlichen Darstellungen hat. Daher sollen die mithilfe des Theoriestands und der Datenanalyse Phase 1 aufgestellten Hypothesen in einem quantitativen Fragebogen getestet werden. Da sich aufgrund der sensiblen Fragestellung ein reaktives Frageinstrument wie ein Survey weniger anbietet, stellt die Methode des Online-Experimentes eine forschungspragmatische und hinsichtlich der vorgestellten Theorien adäquate Methode zur Annäherung an das Erkenntnisinteresse dar.

In einem ersten Schritt (Phase 1) wird daher ein Datenkorpus mit Bildern zur Arbeitsmarktintegration von Flüchtlingen in Österreich aufgebaut. Hierbei werden Daten bis zu einer theoretischen Sättigung erhoben und im Rahmen einer Diskursanalyse analysiert. Die gewonnenen Idealtypen werden für das Experiment in der Phase 2 manipuliert. Im Experiment werden die Stimuli (Idealtypen) in x-Experimentalgruppen und einer Kontrollgruppe platziert und mithilfe etablierter Skalen zur Emotionsmessung bewertet. Zudem erfolgen bivariate- und multivariate Analysen, um die Effekte der Stimulus-Bilder zu messen.

3.2 Phase 1: Wissenssoziologische Diskursanalyse

Diskurse sind inhaltlich und formal strukturierte Ensembles von sinnstiftenden Einheiten, die in einem spezifischen Set von Praktiken produziert werden und strukturierte Verknüpfungen von Deuten und Handeln darstellen. Dabei verleihen sie „physikalisch-materiellen und sozialen Phänomenen Bedeutung und konstituieren [deren] gesellschaftliche Realität" (Keller 1999: o.S.). Sie konstituieren sich aus Fragmenten wie Begriffen, Theorien, Deutungsmustern, Klassifikationen, Geschichten, die der Diskurs selbst prozessiert. Diese erhalten ihren Sinngehalt aus dem Relationsgefüge, welches durch ihren Gebrauch erzeugt und reproduziert werden (vgl. Keller 2010: 244; vgl. Traue et al. 2014: 493). Die Binnenstruktur der Deutungselemente sowie die Außenbeziehungen, das heißt, dass die ausgeschlossenen Bezugsdifferenzen bilden die formale Struktur. Historische Ordnungen des Diskurses sind Effekte von Institutionalisierungsprozessen der Aussageproduktion, die Spielräume für weitere Aussageproduktionen begrenzen und gestalten (vgl. ebd.).

Aufgrund der Pluralität der ausdifferenzierten methodologischen Diskursforschungsprogramme und -strategien in den Sprach- und Sozialwissenschaften, welche sich nach methodologischen und teils empirischen Stellenwert unterscheiden (vgl. Keller 2011: 7; 11), ist es zunächst notwendig, die Vor- und Nachteile der Wissenssoziologischen Diskursanalyse (WDA) zu problematisieren und von alternativen Analysemethoden abzugrenzen (vgl. Keller 2010).

Im Kern geht es in der Anwendung um die Analyse zwischen dem Zusammenhang und dem Zeichengebrauch als eine soziale Praxis sowie der (Re-)Produktion beziehungsweise Transformation von gesellschaftlichen Wissensordnungen (vgl. Keller 2010: 243). Dabei grenzt sich die WDA beispielsweise von diskursanalytischen Programmen wie dem von Potter und Wetherell ab, die nur bestimmte Textarten betrachtet und Machtstrukturen ausblendet (vgl. Parker 2005: 547). Ebenfalls ist es notwendig sich vom Diskursverständnis Roland Barthes abzugrenzen. Dieser differenziert zwischen lese- und schreiborientierten Textarten und schließt daraus, dass sich das Subjekt unterschiedlich sinnbezogen an einen thematisierten Diskurs beteiligt oder nicht (vgl. ebd.: 552). Für die WDA sind demnach die Diskursgruppen nach Foucault relevant, die keinen einheitlichen Diskurs, sondern verschiedene „Serien" generieren (vgl. Foucault 1991: 43). Diskurse existieren demnach als relativ dauerhafte und regelhafte

Strukturierung von Prozessen der Bedeutungszuschreibung. In diesen Prozessen werden sie durch das Handeln von sozialen Akteuren real.

> „Diskurse, Diskurs-Inhalte und Diskurs-Praktiken sind immer kontextualisiert. Um ihre gesellschaftliche Bedeutung zu verstehen, ist es notwendig, neben ihrer inhaltlich-materialen Rekonstruktion auch ihr gesellschaftliches und historisches Umfeld zu berücksichtigen." (Keller 1999: o.S.)

Jenseits der Anwendung in den Sprachwissenschaften, sind Diskurse

> „nicht mehr einfach Sprachstrukturen, die die grammatikalische Ordnung oberhalb der Satzebene darstellen und Diskursanalyse bezeichnet damit nicht mehr die formale Analyse der Textstruktur. Diskurse sind vielmehr als Formen von strukturierter und strukturierender Praxis bestimmt, so dass der Begriff der diskursiven Praxis an die Stelle des Begriffs Diskurs tritt. Diskursanalyse schließt dann auf die den Texten unterliegende Praxis der Wissenskonstruktion und sucht die Ordnung des Wissens und dessen Entstehung zu rekonstruieren." (Diaz-Bone 2010: 71)

Dabei hängen der Inhalt sowie die Funktion eines Diskurses von dem Kontext und von dem Feld ab, in der der jeweilige *Text* angesiedelt ist (vgl. Keller 2010). Der Prozess der Diskursforschung ist durch ein „unhintergehbares Reflexivitätsverhältnis"[30] (Keller 2011: 65) gekennzeichnet. Es wird nicht Wahrheit, sondern Aussageereignisse produziert, die selbst Teil eines Diskurses sind (vgl. ebd.). Die WDA ist zum einen wissenssoziologisch eingebettet und mit kulturalistischen und diskurstheoretischen Perspektiven verknüpft (vgl. ebd.). Dadurch wird der hermeneutisch-interpretative Charakter im Forschungsprozess an sich hervorgehoben. Durch den sinnverstehenden Zugang, stellt die WDA mit ihrem qualitativen Forschungsinteresse ein interpretatives Paradigma dar (vgl. Keller 1999: o.S.).

Es geht in der Analyse nicht um das Erfassen von Ideen oder Semantiken, sondern um die Darstellung von Diskursen als rekonstruierbare, produktive Aussagepraxen, die in institutionell-dispositiven Ordnungen Wirklichkeit konstituieren, sowie Effekte der Macht hervorrufen (vgl. Keller 2010: 241). Die Beschaffenheit wird als eine konkrete und materielle, also gegebene gesellschaftliche Praxis verstanden. Die in diskursiven Kämpfen und entsprechenden Diskursarenen vorhandenen Sprecherpositionen und involvierten Akteur*innen sind durch bestehende Strukturierungen von diskursiven Ordnungen konstituiert (vgl. ebd.: 244). Sie agieren als interessierte Aussagenträger*innen, die unterschiedlich stark mit Ressourcen und Kreativpotentialen ausgestattet sind

30 Vgl. zu den Gütekriterien in den qualitativen Sozialwissenschaften siehe Strübing et al. 2018.

(vgl. ebd.). Hierbei stehen die Erschließung von übersituativen Sinnfiguren und die strukturellen Bestandsbedingungen im Vordergrund. Es geht dabei um den Zugang und der Besetzung von Sprecher*innenpositionen – *wer darf sprechen?* – und normative, normalisierende beziehungsweise legitimatorischen Deutungen – *was kann gesagt werden?* (vgl. Treue et al. 2014: 495).

In Anlehnung an Foucault ist es notwendig, ohne ein theoretisches Vorurteil über die Form eines zu untersuchenden Diskurses an das empirische Material heranzutreten. Ziel ist es neben der Form und der Herausarbeitung der beteiligten Akteur*innen die Machtstrukturen herauszuarbeiten. Die „‚diskursive Konstruktion gesellschaftlicher Wirklichkeit' vollzieht sich demnach in Prozessen intersubjektiv und medial vermittelt." (Treue et al. 2014: 497)

Die hier anwendungsbezogene WDA erfordert eine Modifikation, da sich hier einerseits auf visuelles diskurskonstituierendes Material beschränkt wird und andererseits eine adäquate WDA die forschungspragmatischen Notwendigkeiten eines qual. –> QUAN Mixed Method-Verfahrens überschreiten würde. Hierbei sind die Bild-Eigenlogiken von einem untergeordneten Interesse. Vielmehr stehen die konstruierte gesellschaftliche Wirklichkeit, wie sie durch Bilder mitkonstituiert werden und das Bild als eine Form des selbstreferentiellen Systems im Fokus der Analyse (vgl. Bohnsack 2014: 869ff.).

Daher soll eine angepasste und „freie" WDA nach Keller helfen, die Bildtypen in dem Diskurs zu verorten und diese anhand ihrer Entwicklungsstränge soziologisch zu analysieren. Hierfür ist es notwendig Strukturen im Diskurs zu identifizieren, die es ermöglichen, die Wissensvorräte zu ordnen und eventuelle Strukturveränderungen in den Sichtbarkeitsmodalitäten der Akteur*innen hervorzuheben. Zuvor genannte Punkte bleiben für die Analyse immanent und werden im Rahmen der Analyse forciert. Ziel ist es, einerseits visuelle Idealtypen zu extrahieren, aber auch die damit verknüpften Medienframes herauszuarbeiten.

3.3 Phase 2: Experimentaldesign

Aufbauend auf den analytischen Ergebnissen der Phase 1 sollen idealtypische Bildtypen ermittelt werden. Inwiefern diese Bildtyparten einen Einfluss auf die Rezeption der fluchtbezogenen journalistischen Artikel haben, kann mit Hilfe eines Framing-Experiments untersucht werden (vgl. Lecheler et al. 2015: 818), da Effektunterschiede gemessen werden können.

Es ist hervorzuheben, dass Web-basierte-Experimente im Vergleich zu anderen Methoden der Online-Forschung, wie beispielsweise Online-Befragungen und andere reaktive Datenerhebungen, den entscheidenden Vorteil haben, dass durch sie „kausale und nicht nur korrelative Zusammenhänge" (Reips 2003: 73) überprüft werden können.

Emotionen können demnach mithilfe verschiedener Forschungsdesigns sozialwissenschaftlich untersucht werden. In experimentellen Settings werden die Versuchspersonen bewusst in einen bestimmten emotionalen Zustand versetzt (vgl. Schramm/Wirth 2006: 28). Es wird daher planmäßig eine Situation geschaffen, die durch die Herstellung einer Manipulation untersucht werden soll (vgl. Reips 2003: 74).

Aus einer kommunikationswissenschaftlichen Sicht ist es daher naheliegend, die Versuchspersonen einem emotionsauslösenden medialen Stimulus auszusetzten (vgl. ebd.). Reflexiv ist festzuhalten, wie Sophie Lecheler und Kolleg*innen zu Recht betonen, dass Framing-Experimente eine geringe externe Validität aufweisen, welche die Generalisierbarkeit der Ergebnisse einschränken kann. Dennoch sind sie das geeignetste methodische Instrument, um komplexe psychologische Mechanismen hinter Framing-Effekten zu untersuchen (vgl. 2015: 818). Der Psychologie-Professor Ulf Reips betont zudem, dass dem Experiment als Methode durch die Wahl der zu vergleichenden Bedingungen ein „hypothesenprüfendes Forschen inhärent ist, bei dem sich die bei anderen Forschungsweisen vieldiskutierte Frage der Repräsentativität der Ergebnisse nicht stellt" (Reips 2003: 73). Aus der Planmäßigkeit der Vorbereitung ergibt sich eine Wiederholbarkeit, welche logisch aus der „planmäßigen Herstellung folgt" (Reips 2003: 74). In einem *between-subjects Design* wird jeder teilnehmenden Person zufällig ein anderer Versuchskontext (Stimulus) zugeteilt. Nach dem Stimulus folgt ein sogenannter Manipulationscheck, mit dessen Hilfe die externe Validität evaluiert werden kann.

Es werden in Abschnitt 5.4 die Veränderungen der Variable „Emotionaler Zustand" der Rezipient*innen in Abhängigkeit mit Stimulus-Bildern untersucht. Darüber hinaus werden die Experimentalteilnehmer*innen mit einer Reihe unabhängiger Variablen konfrontiert, wie politischer Selbsteinschätzung, Einstellungen zur Integration von Flüchtlingen in den Arbeitsmarkt, Werte sowie der Kontakthäufigkeit der Proband*innen zu Flüchtlingen.

Daher sollen die idealtypischen Bildern an einen themenbezogenen, „neutralen" und sachlich formulierten Artikel angehängt werden. Hierfür sind einerseits *x*-[31] Versuchs- und andererseits eine Kontrollgruppe als *Baseline* vorgesehen, in der lediglich der Artikel nach seinem emotionalen Gehalt bewertet werden soll.

31 Die Anzahl der Versuchsgruppen (VG) bestimmt sich nach der Datenerhebung und -auswertung der WDA im Kapitel V.

Was wirkt?
Der jeweilige visuelle Stimulus zum Thema Arbeitsmarktintegration, konstituiert einen jeweils neuen Frame. Dieser Frame erzeugt Affekte.
Wer ist betroffen?
Zunächst sind die jeweiligen Rezipient*innen (Individuen) betroffen, welche eine Gesellschaft bilden.
Welche Effekte entstehen im Kommunikationsverlauf?
Vorher: Sind für das Experiment weniger relevant, da die Motive und Zuwendung zum Medien in der experimental Situation künstlich erzeugt werden.
Während: Die Aufmerksamkeit und die Informationsverarbeitung sind Bestandteile der Erfassung. Zentral sind die Effekte des visuellen Stimulus, welcher auf die Person emotional wirkt.
Nachher: Vor allem emotionale und Einstellungseffekte sind zu erwarten und werden durch das Forschungsdesign erfasst.
Welche Modalitäten?
Im experimentaldesign werden kurzfristige und vermeintlich intendierte Effekte der Mediennutzung gemessen. Dabei handelt es sich um direkte Effekte, welche anhand ihrer Stärke gemessen werden.

Abb. 3 *Dimensionen der Wirkungsforschung*
Quelle: Schema nach Bonfadelli 2004: 24, eigene Darstellung.

Um die Glaubwürdigkeit des verwendeten Stimulus und den damit konstituierten Frame zu erhöhen, adressiert das Anschreiben den Stimulus-Artikel als einen Beitrag in einem Qualitätsmedium, welches nicht näher benannt wird.

Dabei wird, wie in 2. 5 thematisiert von einer Äquivalenz von Stimulus und Effekt ausgegangen. Heinz Bonfadelli merkt an, dass unklar sein kann, ob die Rezipient*innen auf die Charakteristika der Botschaft reagieren (vgl. ebd. 2004: 36f.). Dieses Äquivalenzproblem soll mithilfe einer Kontrollgruppen-Analyse im Experiment sowie anhand eines Pretests kontrolliert werden. Zudem ergeben sich aufgrund der Experimentalsituation weitere Probleme; wie jenes der nicht gewährleisteten externen Validität, dass durch die künstliche Situation Inhalte vorgegeben werden und daher keine Aussage über eine „natürliche" Zuwendung zum Medium und dem Beitrag ermittelt werden kann (vgl. ebd.: 39).

Für die Konstruktion des Fragebogens wird die Open Source Software *SoSci Survey* genutzt. Diese ermöglicht die Konstruktion eines leicht zugänglichen und auswertbaren Surveys. Durch die verschiedenen Funktionen lässt sich zum einen ein Zufallsgenerator für die einmalige Ziehung einer Experimental-Gruppe je

IP-Adresse auswählen, und zum anderen die Integration von Bildern als Stimulus Material. Neben der in Umfragen gängigen Abfrage von soziodemographischen Eigenschaften werden zudem Fragen zur politischen Einstellung und weitere Items, die für den Manipulationscheck relevant sind, aufgeführt (siehe Abschnitt 5.4 zur Operationalisierung).

IV DATENERHEBUNG und DATENKORPUS der WDA

Der Datenkorpus für die WDA akquiriert sich aus kontextualisierten Bildmaterialien zum Thema Arbeitsmarkt und Flüchtlingsintegration in Österreich aus österreichischen Print- und Online-Verbreitungsmedien. Hierfür wird ein Veröffentlichungszeitraum vom 1. Januar 2015 bis einschließlich 31. August 2018 gewählt, um eine möglichst große Diskursbandbreite abzudecken. Durch diesen großzügig gewählten Zeitraum werden Visualisierungen zu drei zeithistorischen Momenten mit aufgenommen:

(1) vor der großen medialen Aufbereitung der rezenten Fluchtmigration des Herbstes 2015,
(2) Diskurse im Präsidial- und Nationalratswahlkampf werden mit betrachtet, sowie gesetzliche Novellierungen und Initiativen rund um das Thema Arbeitsmarkintegration von Geflüchteten sowie
(3) Berichterstattungen nach einem Jahr Regierung ÖVP und FPÖ unter Bundeskanzler Sebastian Kurz und die damit einhergegangenen restriktiven politischen Umstrukturierungen auf dem Arbeitsmarkt, Novellierungen des Arbeitsrechts, Sozialabbau und den Diskurs um Flüchtlinge in Lehrausbildungen.

Da eine Vollerhebung aller journalistischen Beiträge für den gewählten Zeitraum nicht forschungsökonomisch realisierbar ist, sollen aus der Literatur fünf Schlüsselereignisse für die Analyse abgeleitet werden (siehe Abschnitt 1.3). Ausgehend von diesen, für die Fragestellung relevanten Ereignissen soll eine Vollerhebung (T = 14 Tage um das Ereignis) in dem Sample der ausgewählten Tages- und Wochenzeitungen vorgenommen werden.

Da der Medienmarkt Österreichs durch seine „geringe Größe des Landes" und die Anbindung an Deutschland geprägt ist (vgl. Dreyer 2006: 268), sowie der erst späten Einführung eines dualen Rundfunksystems, dominieren bestimmte Akteure den Medienmarkt. Für die Tageszeitungen ist es die *Kronen Zeitung* (KrZ) und im elektronischen Bereich der Österreichische Rundfunk (ORF) die hervorzuheben sind, was unter anderem durch das Rundfunkmonopol, das der ORF bis 1995 innehatte, erklärt werden kann (vgl. Ulrich 2014: 10; vgl. Ö1 2017). Der Printmarkt hingegen ist durch eine hohe Konzentration gekennzeichnet, da nur wenige Medienhäuser den Markt dominieren. Der Tageszeitungsmarkt besteht derzeit aus 14 käuflichen Tageszeitungen (mit zusätzlich 14 Regionalausgaben) sowie zwei auflagenstarken Gratis-Tageszeitungen (vgl. Ulrich 2014: 10). Nach einer Medienanalyse des Kommunikationsmagazins *Horizont* betrug die Nettoreichweite der Tageszeitungen 4.8 Millionen Leser*innen für das Jahr 2017, was einen Rückgang von zirka 100.000 Leser*innen zum Vorjahr bedeutet (vgl. Hofer/Mey 2018).

Quellen für den Datenkorpus sind hierbei zum einen reichweitenstarke Tageszeitungen,[32] wie die *KrZ*, mit einem Marktanteil von über 45 Prozent beziehungsweise 2.17 Millionen Leser*innen und die *Österreich*[33], als die dritt-auflagenstärkste Zeitung (vgl. Ulrich 2014: 10; 12), der *Kurier*, mit 11.3 Prozent beziehungsweise 545.000 Leser*innen und zum anderen Qualitätsmedien wie *Der Standard*, mit einem Marktanteil von 9.9 Prozent und 480.000 Leser*innen, *Die Presse*, mit 6.5 Prozent beziehungsweise 315.000 Leser*innen (Angaben nach Hofer/Mey 2018), sowie das Wiener Wochenmagazin *Falter*, 143.000 Leser*innen, das das Sample der reichweitenstarken Medien ergänzen sollen.

Mit dieser Auswahl soll versucht werden, das Medienspektrum[34] von „liberal" (*Der Standard*), „bürgerlich liberal" (*Die Presse*), „linksliberal mit urbaner Ausprägung" (*Falter*) und „Boulevard" (*Kronen Zeitung* und *Österreich*) abzudecken. Zudem befinden sich das reichweitenstärkste Medium, die *KrZ* und alternative Medien wie *Falter*, *Die Presse* und *Der Standard* im Sample. Als Medium welches zwischen Boulevard und Qualitätsmedien steht kann hier der *Kurier*, als fünftreichenweitenstärkstes österreichisches Medium (vgl. statista 2018) genannt werden.

Für die Auswahl wurde folgende Suchwortkombination standardisiert eingesetzt: „Flücht*", „Arbeitsmarkt*" und „Österreich*". Hierfür wurde das Datenbankprogramm der *APA-Defacto* genutzt, welches alle publizierten Artikel der teilnehmenden Medienhäuser seit 1986 beinhaltet. So ließ sich eine Vollerhebung

---

32 Für eine Übersicht der überregionalen Tageszeitungen und ihre Nettoreichweite siehe unter anderem Hofer/Mey (2018) für die Daten 2017/2016 sowie Ulrich (2014) für die Daten 2013/2012.

33 Die *Österreich* weist eine tägliche Reichweite von zirka 706.000 Leser*innen auf. Die Zeitung wird in einer reduzierten Version vor allem in den Stationen des Wiener U-Bahn-Netzes sowie an Bahnhöfen der Österreichischen Bundesbahnen (OeBB) gratis aufgelegt und erreicht damit schätzungsweise knapp zehn Prozent der in Österreich lebenden Menschen (vgl. Ulrich 2014: 15).

34 Für die vorgenommene Kategorisierung der österreichischen Medien lagen zum einen die umfassende Ausführung des deutschen Journalisten Andreas Ulrich (2014) sowie der Übersichtsartikel zu Österreichs Medien und Mediensystem (vgl. Dreyer 2006) im Sammelband des Hamburger Hans-Bredow-Instituts zu Grunde.

der oben aufgeführten Tages- und Wochenzeitungen für die angegebenen Zeiträume realisieren. Das reduzierte Analysematerial wurde anschließend manuell durchsucht, damit die Stichprobe ausschließlich Artikel enthielt, die sich tatsächlich mit der Thematik der Arbeitsmarktintegration von Geflüchteten in Österreich beschäftigen (vgl. Greck 2018: 76).

Für die Aufnahme in den Datenkorpus mussten folgende zwei Bedingungen gegeben sein, um in die Bildanalyse mit aufgenommen zu werden: Die Beiträge müssen einen inhaltlichen Bezug zur rezenten Aufnahme von Geflüchteten und damit keinen Schwerpunkt auf historische Arbeitsmarktintegrationsprozesse haben. Inhaltlich sollen sich die Beiträge mehrheitlich auf Österreich beziehen. Die Übersicht des Datenkorpus (siehe Anhang Tabelle 19) listet alle betrachteten Artikel und damit das Bildmaterial der in die Analyse mit aufgenommen Daten auf.

Die Erstselektion ergab für den gesamten Zeitraum für die Begriffskombination „Flücht*", „Arbeitsmarkt" und „Österreich*" 3474 Meldungen für alle relevanten Tages- und Wochenzeitungen Österreichs[35], 1548 Meldungen für den *APA-Basisdienst* sowie 2.380 Meldungen die die drei Stichwörter/Wortstämme, für die in dieser Arbeit relevanten Medien, beinhalteten.

Da die Aufnahme in den Datenkorpus sich auf die fünf Ereignisse und ihre medialen Berichterstattungen eingegrenzt wurde, werden im Folgenden die wesentlichen Schlüsselereignisse aufgeführt und die erhobenen Daten quantitativ vorgestellt bevor sie in der visuellen WDA näher analysiert werden.

Tab. 1 *Datenerhebung*

Schlüsselereignis	Zeitraum der Daten-Erfassung	Anzahl der Meldungen	Relevante Artikel
11. Oktober 2015	05.10.2015 bis 18.10.2015	55	18
19. November 2015	13.11.2015 bis 26.11.2015	47	28
26. Januar 2016	20.01.2016 bis 01.02.2016	45	18
15. Oktober 2017	02.10.2017 bis 15.10.2017	13	3
Ende August 2018	18.08.2018 bis 31.08.2018	30	17
N		190	84

35 Die Auswahl umfasst neben den in der Analyse mit aufgenommen Zeitungen und Magazinen auch die folgenden Zeitungen und Magazine; *Trend, Profil, Salzburger Nachrichten, Tiroler Tageszeitung, Kleine Zeitung.*

V ERGEBNISSE der WDA und OPERATIONALISIERUNG

In diesem Kapitel werden zunächst die Ergebnisse der quantitativen Bildanalyse und der darauf aufbauenden qualitativen WDA vorgestellt, um im Anschluss daran die Ergebnisse für das Online-Experiment zu operationalisieren.

5.1 Überblick über den WDA Korpus

Die Analyse der sechs Medien (*Der Standard, Die Presse, Falter, Kurier, KrZ* und *Österreich*) zu den fünf gewählten Ereignissen ergab insgesamt ein Sample von 190 Meldungen (siehe Tabelle 1), wobei lediglich 84 Artikel aufgrund der oben festgelegten Kriterien, wie dem Österreichbezug sowie dem thematischen Schwerpunkt auf die Arbeitsmarktintegration, in die Analyse mit aufgenommen werden konnten. Weitere 22 Artikel beinhalteten zudem keine Illustrationen in Form eines Bildes, einer Grafik oder einer Karikatur/Zeichnung. In den 62 Artikeln des Samples überwiegen bildliche Darstellungen von Politikern und anderen (männlichen) Entscheidungsträgern (19), gefolgt von Statistiken und Grafiken (13) sowie Darstellungen von vermeintlichen Flüchtlingen bei einer ausübenden manuellen Tätigkeit (9) (siehe Anhang Tabelle 18). Der Großteil der Artikel können den Ressorts *Wirtschaft* (20), *Thema* (12), *Politik* (11) und *Seite Eins* (9) zugeordnet werden. Der überwiegende Anteil der Artikel ist den sogenannten Qualitätsmedien zu zuordnen. Religiöse Darstellungen wie beispielsweise das „muslimische" Kopftuch, als Platzhalter für Flüchtlinge beziehungsweise „die Anderen", konnte im Sample lediglich zwei Mal vorgefunden werden. In Beiträgen aus den hier untersuchten Tageszeitungen, die allerdings auf Grund der Selektionsbedingungen nicht in das Sample mit aufgenommen wurden, wurde das Logo des AMS des Öfteren als Symbol für arbeitsmarktbezogene Themen rund um die Integration von Flüchtlingen gewählt. In diesem Sample lassen sich derartige Symboliken von Institutionen nicht vorfinden.

Im folgenden Abschnitt 5.2 soll auf den Diskurs näher eingegangen werden. Im Zentrum stehen dabei die Bilder des Samples, wie diese platziert sind, welches Wissen sie vermitteln und welche Machtstrukturen sie konstituieren.

5.2 Ergebnisse der WDA

Im Folgenden sollen die visuellen Repräsentationen und Diskursstränge erläutert werden. Hierfür werden die identifizierten repräsentativen Diskursmuster im zeitlichen Verlauf nach einander vorgestellt werden. Zunächst werden die Darstellungen analysiert, die Flüchtlinge bei der Ausübung einer Tätigkeit zeigen. Gefolgt werden diese von Bildern, auf denen vermeintliche Flüchtlinge in dezidierten Ausbildungs- und Lehrkursen abgebildet werden. Anschließend werden die visuellen Repräsentationsmuster stellvertretender Politiker und anderer Entscheidungsträger sowie der scheinbaren Versachlichung des Themas durch grafische Abbildungen vorgestellt. Ziel ist es, Frames aus dem Diskurs herauszuarbeiten, die emotionale Reaktionen, im Bezug auf das Thema der Arbeitsmarktintegration von Flüchtlingen hervorrufen können.

5.2.1 Darstellungen von „Flüchtlingen" bei einer Tätigkeit

Im Verlauf der rezenten Medienberichterstattungen wurden bereits in der zweiten Jahreshälfte 2015 Bildnisse von „Flüchtlingen" in der Ausübung einer körperlichen Tätigkeit gezeigt. Vor allem wurden visuelle Repräsentationen gewählt, die die Personen in einer bestimmten und für den Arbeitsbereich typisierten Arbeitskleidung zeigen (siehe Abbildung 4 und 5). Dabei sind es Industriearbeiten bei denen junge Männer nicht frontal, aber in der Ausübung, aus der Distanz oder explizit gezeigt werden. Im Kontext der Berichterstattungen über sogenannte „Flüchtlingsströme" und der Darstellung anonymer entmenschlichter „Masseneinwanderung" wird hier einerseits ein Gegennarrativ konstruiert, welches versucht *den* Flüchtling *wieder* zu vermenschlichen. Dennoch wird eine Distanz durch die Bilder konstruiert, da sie die Personen allein unbestimmt arbeitend (Abbildung 4) oder aus einem unnahbaren unpersönlichen Winkel zeigen (Abbildung 5). Unabhängig von der Publikationsquelle der visuellen Darstellungen wird hier ein Sinn konstruiert, der hervorhebt, dass die Personen, die als geflüchtete Menschen nach Österreich kommen, in vergleichbar einfachen manuellen Arbeiten „unterkommen". Der mediale Diskurs schafft eine ganze Diskursserie, die Personen bei vermeintlich haptischen Tätigkeiten aufführt. Diese Serie ist für den gesamten Diskursverlauf seit 2016 beobachtbar. Die Aussageereignisse sind von einer zunächst distanzierten Perspektive, hin zu einem nahbaren Verhältnis, durch Close-up und spielerischen Elementen der Inszenierung, gekennzeichnet (siehe als Beispiel Abbildung 12).

Abb. 4 *Datenkorpus 1: Industriearbeit 1*
Quelle: Die Presse, 16.10.2015, S. 16.

Abb. 5 *Datenkorpus 2: Industriearbeit 2*
Quelle: Der Standard, 17./18.10.2015, S. K1.

Im gleichen Anfangszeitraum werden im Kontext des Themas Arbeitsmarkintegration auch ein Bild von einem einsam wirkenden jungen Mann gezeigt, indem dieser nicht in einer arbeitsbezogenen Tätigkeit inszeniert wird (Abbildung 6). Dieses steht im Kontrast zu den vorhergegangenen Darstellungen und verdeutlicht die Implikationen die mit Arbeitsmarktintegrationsbemühungen einhergehen können, wie Nicht-Arbeit, Einsamkeit und Resignation. Auch in dieser visuellen Repräsentation wird eine unnahbare Distanz zum vermeintlichen „Flüchtling" aufgebaut. Dies gelingt durch Bildkomposition und der Unkenntlichmachung der abgebildeten Person durch ein blendendes Gegenlicht, dem Effekt der Unschärfe sowie der Distanz- und Seitenaufnahme. Damit steht die Person, in dieser frühen Phase der Fluchtmigrationsphase im Herbst 2015, stellvertretend für die Gruppe der Flüchtlinge, welche im Fluchtexil sind, aber nicht einer Erwerbstätigkeit nachgehen oder in ein Ausbildungsverhältnis treten können. Dieses Framing der Boulevardzeitung *KrZ* steht im starken Kontrast zu den visuellen Bildrepräsentationen der Qualitätsmedien *Die Presse* und *Der Standard*, die ein Bildnis der aktiven Arbeit konstituieren.

Abb. 6 *Datenkorpus 3: Geländer*
Quelle: KrZ, 14.10.2015, S. 25.

In einer gänzlich anderen Darstellungsform wird ein junger Mann in seiner gelernten Berufstätigkeit als Frisör gezeigt (Abbildung 7). Es wird dabei bewusst die Person ins Bildzentrum gerückt und damit ein Naheverhältnis zu seiner Arbeit konstruiert. Der „Flüchtling" bleibt durch die Textkontextualisierung ein Flüchtling, allerdings werden ihm darüber hinaus symbolisch Charakteristika zu geordnet, wie die Fähigkeit als gelernte Kraft einen Beitrag *in der* und *für die* Aufnahmegesellschaft leisten zu können. Demgegenüber stehen Darstellungen wie die von Saisonarbeitskräften in der Landwirtschaft (Abbildung 8). Dort wird wieder eine Distanz zu *den* Flüchtlingen aufgebaut, in dem diese unkenntlich und aus einer weiten Entfernung auf Spargelfeldern gezeigt werden. Im Kontext des Asylanerkennungsprozesses ist dies eines der wenigen legalen Tätigkeitsfelder, neben der Prostitution und dem Ehrenamt, in denen Asylwerbende sich zu diesem Zeitpunkt betätigen können.

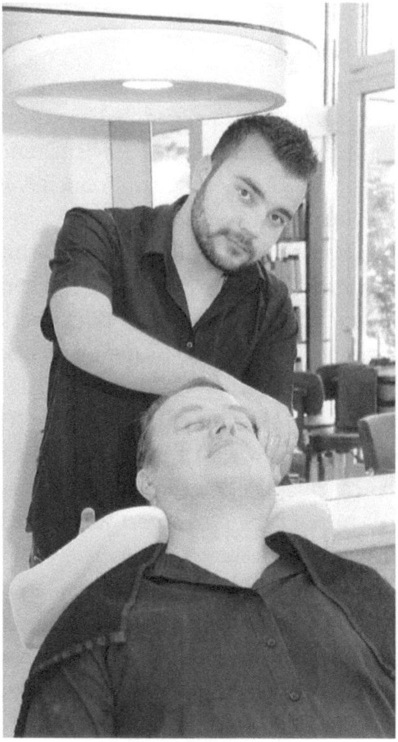

Abb. 7 *Datenkorpus 4: Frisör*
Quelle: Kurier, 24.11.2015, S. 14.

Abb. 8 *Datenkorpus 5: Saisonarbeit*
Quelle: Der Standard, 17.11.2015, S. 16.

Zu der Zeit wurde unter Sozialminister Rudolf Hundstorfer (SPÖ) geprüft, ob bestehende Arbeitsmarktregulierungen für Asylsuchende nicht ausgeweitet werden müssten. Bereits später engagierten sich auch Vertreter*innen aus der Wirtschaft um Jobs für Flüchtlinge zu fördern.

In der dritten Erhebungsphase, Januar 2016, zeigen die bildlichen Darstellungen nicht mehr Industrie- sondern Handwerkstätigkeiten. Hierbei ist besonders hervorzuheben, dass wieder nur junge Männer abgebildet, aber diese expliziter bei der ausführenden Tätigkeit gezeigt werden, sodass die Bildbetrachtenden eine konkretere Vorstellung von den Tätigkeiten der Personen entwickeln können. Hervorhebenswert ist zudem, dass im Bildzentrum positionierte, im Hintergrund gutlesbare Plakat „Flüchtling ist kein Beruf", welches einen Kontrast zum vorherrschenden Mediendiskurs darstellt, da Fluchtmigrant*innen oftmals auf ihr Dasein und ihr Tätigkeitsspektrum als fliehende Person reduziert werden (Abbildung 9). Auch hier werden sie in vergleichsweise einfacheren manuellen Tätigkeiten gezeigt. Damit wird ein Bild konstruiert, das in Bezug auf die Arbeitsmarktintegration eher ungelernte Personen integriert werden, die einen nichtakademischen beziehungsweise fachbezogenen Job erlernen oder ausüben. Die Felder, welche eine akademische Ausbildung voraussetzen, wie im medizinischen, wissenschaftlichen, administrativen Bereich, aber auch andere Felder, wie Büro-, Bank-, Versicherungs-, Hotelwesen et cetera werden in den Dartsellungen im Sample ausgeblendet. Es überwiegt die Repräsentation, dass Schutzbedürftige in manuellen handwerklichen Berufen arbeiten und damit keine Entscheidungsträger*innen werden (können). In ihren Rollen als Hand- und Hilfsarbeiter*innen werden sie sich weniger gesellschaftliches Prestige erarbeiten können beziehungsweise wird das durch die Art der Darstellungen suggeriert. Hiermit wird eine Machthierarchie und Homogenität im Bildnis der Arbeit produziert und repräsentiert. Hinzu wird eine Symmetrie in der Sozialstruktur der Geflüchteten durch vermeintliche Homogenisierungen vermittelt.

Abb. 9 *Datenkorpus 6: Handwerk 1*
Quelle: Die Presse, 27.01.2016, S. 15.

Abb. 10 *Datenkorpus 7: Handwerk 2*
Quelle: Der Standard, 27.01.2016, S. 17.

Zur Zeit der Nationalratswahl 2017 und den forcierten medialen Diskursen über Flüchtlinge in Ausbildungen wurden erstmalig nicht nur Bilder von jungen Männern gewählt, um das Thema der Arbeitsmarktintegration visuell zu repräsentieren. Abbildung 11 zeigt drei junge Frauen lächelnd unter anderen jungen Frauen. Sie werden explizit dargestellt und durch die gezeigte Körpersprache wird „eigene Stärke" vermittelt. Diese eher emanzipatorische Darstellung steht im Kontrast zu den aktiv tätigen Männern, welche weniger emphatisch wirken und auf den Abbildungen weniger im Kontext eines Empowerments in Szene gesetzt werden. Dies gelingt vor allem durch die Darstellung von vermeintlich geflüchteten Frauen die kein Kopftuch tragen, welches im Kontext der anhaltenden Kopftuchdebatte[36] als unterdrückendes und anti-aufklärerisches Element von Wertkonservativen und opportunistischen Elementen der österreichischen Gesellschaft wahrgenommen wird. Abgesehen von dieser Darstellung finden sich ausschließlich Bilder von männlichen Geflüchteten.

Abb. 11 *Datenkorpus 8: Junge Frauen*
Quelle: Kurier, 05.10.2017, S. 4.

36 Eine einfache Google Suche mit den Suchbegriffen „Kopftuchdebatte" und „Österreich" ergab über 14.000 Ergebnisse. Exemplarisch kann hierfür der *Der Standard* Beitrag vom 14.05.2018 und die in den Kommentaren geführte User*innen Debatte sein (vgl. Mayr 2018). Die Google Suche ist online verfügbar unter: https://www.google.at/search?rlz=1C1VFKB_deDE708DE708&q=kopftuchdebatte+%C3%B6sterreich&spell=1&sa=X&ved=0ahUKEwju-uuLzIjfAhXTKywKHVB_D6YQBQgpKAA&biw=1517&bih=730 (29.08.2019).

Weitere Abbildungen zum Thema Integration in den Lehrstellenmarkt zeigt lächelnde junge Männer bei der Ausübung von arbeitsbezogenen Tätigkeiten (Abbildung 12). Hierbei werden diese in einem nahbaren Verhältnis gezeigt. Da sich der Diskurs verschoben hat, von Nicht-Arbeit und Saisonarbeit zur Lehrstellenintegration, ist insgesamt auch eine Verschiebung zur Personalisierung des Gezeigten konstatierbar. Der Fokus besteht allerdings nach wie vor darin, Personen in manuellen Berufen abzubilden. Die fluchtmigrantische Intelligenzija, wie beispielsweise Professor*innen, Ärzt*innen oder Jurist*innen bleibt weiterhin nicht-repräsentiert.

Abb. 12 *Datenkorpus 9: Köche*
Quelle: Der Standard, 28.08.2018, S. 2.

Im Zusammenhang mit dem Thema Integration in den Arbeitsmarkt wurden bereits seit der Erhebungsphase 2, November 2015, Personen in vermeintlichen Lehrsituationen gezeigt. Dabei variieren die Darstellungen aus einer distanzierten Perspektive, wie es in Abbildung 13 durch die Vogelperspektive geschaffen wird und nahbarere wie in Abbildung 14 aus der Erhebungsphase 5 (August 2018). Die Deutschkurse sind bereits früh Teil des Diskurses. Unter Nennung der jeweiligen Institutionen in den Artikeln reduzieren die visuellen Darstellungen auf eine stereotypisierte Inszenierung von Kursen, die nur männliche Kursteilnehmer und einer weiblichen Lehrkraft in einer distanzierten (Abbildung 13) oder erklärenden Rolle abbildet (Abbildung 14). Die Aussagepraxen verdeutlichen eine Hierarchie und eine gewisse Distanz zwischen dem Lehrpersonal (wir) und den Schülern (die Anderen).

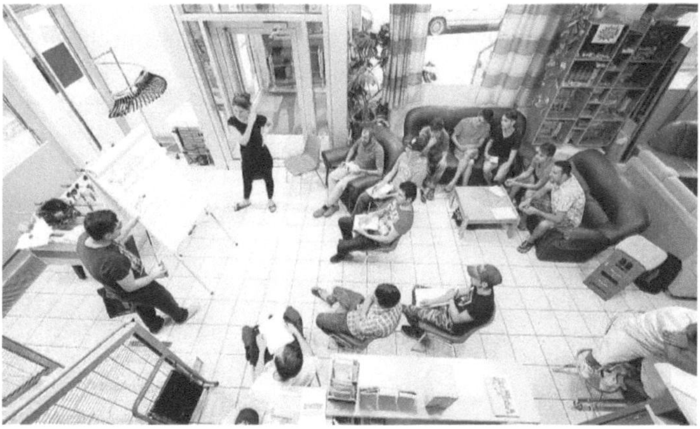

Abb. 13 *Datenkorpus 10: Deutschkurs 1*
Quelle: Der Standard, 20.11.2015, S. 2.

Abb. 14 *Datenkorpus 11: Deutschkurs 2*
Quelle: KrZ, 26.08.2018, S. 26.

Visualisierungen wie Symbole von Institutionen, die den gesellschaftlichen Auftrag haben Integration zu fördern, finden sich demgegenüber nicht im Sample. Es wird ein Frame durch den Diskurs konstruiert, der die vermeintlichen jungen geflüchteten Männer in einer aktiven, aber auch hilfebedürftigen Situation darstellt. Ihnen steht einerseits ein gewisser (und für viele Personen verständlicher) Paternalismus gegenüber, welche sich durch die Darstellungen der Deutschkurse zeigt, aber auch einer Aktivität und einen Willen zur Teilhabe symbolisiert. Besonders im späteren Diskursverlauf dominiert dieser Frame die visuelle Berichterstattung. Von den anfänglichen Bildnissen der Passivität (vgl. Abbildung 6 Geländer) oder der Ohnmacht nur in Saisonarbeit tätig zu werden (vgl. Abbildung 8 Saisonarbeit), werden Flüchtlinge in Lehrberufen gezeigt, die ihnen vermeintlich Freude bereiten, da sie durch Arbeit im Sinne Hannah Arendts (2007) eine *vita activa* leben. Daraus ergibt sich der Frame der Integrationsbereitschaft, kurz Integration, der den Rezipient*innen vermittelt, dass die Personen gewillt sind, der Forderung, „Teil der Gesellschaft" zu werden, nachzukommen. Dieser Frame steht im Gegensatz zu den religiösen Symbolen, wie beispielsweise dem Kopftuch, die desintegrativ und bedrohlich wirken.

5.2.2 Darstellungen von religiösen Symbolen im Kontext der Arbeitsmarktintegration

Im Zuge der Datenerhebung wurden im Datenpool lediglich zwei Bildnisse mit vermeintlich „muslimischen" Kopftüchern identifiziert. Dennoch ist das Kopftuch, als Teil der diskursiven Praxis, ein Element, das immer wieder auftaucht und konstant den Diskurs um Migration, Integration und Partizipation von Muslim*innen stellvertretend mit konstituiert (vgl. von Braun/Mathes 2017). Als Symbol einer Normierung im Sinne Michel Foucaults, als eines der Grundprinzipien der Gesellschaft, durch welche Institutionen, wie Regierungen, versuchen Subjekte unter Kontrolle zu behalten, stellt das Kopftuch die Abweichung von einer Norm dar (vgl. Beck-Gernsheim 2007: 19). Es wird eine Verbindung der Abwertung sowie eine Differenz artikuliert, welche sich als Symboliken auch in den Alltagsdiskursen festschreibt und so Machtverhältnisse manifestiert (vgl. ebd.). Personen mit Kopftuch werden in der Mehrheit der Ausprägungen oftmals isoliert und in einem Kontrast zu *den* Anderen, der Mehrheitsgesellschaft in Gestalt von unverhüllten Personen, inszeniert (siehe beispielsweise Abbildung 15). Diese Dichotomisierung zwischen einem „Wir" und den „Anderen" erfolgt dabei nach wiederkehrenden stilistischen Mustern, welche zum einen ein *Othering* und zum anderen Machthierarchien (mit-)konstituiert.

Abb. 15 *Datenkorpus 12: Kopftuch*
Quelle: Der Standard, 25./26.08.2018, S. 39.

Das Kopftuch als Stellvertretung für „Die Anderen", Islam, Islamismus und des Unvereinbaren mit dem idealisierten Eigenem steht in dem Diskurs tatsächlich stellvertretend für Probleme und Hindernisse einer gelungenen Integration (vgl. Schemer 2013). Es bedient den Frame des Hindernisses beziehungsweise stellt in Übersetzung zur aktuellen Frameforschung zur „Flüchtlingskrise" in Deutschland den Frame „Brennpunkt" dar (vgl. Greck 2018: 79f.). Dies begründet sich durch die Assoziationsverkettung Kopftuch – Islam, welche einen negativen Frame hervorruft und wird von vielen gesellschaftlichen Akteuren als Integrationshindernis betrachtet (vgl. Hadj-Abdou 2008).

Im medialen Diskurs findet sich dieser Bias, hinsichtlich der Berichterstattung über den Islam, bereits seit Jahren wieder (vgl. Hafez 2013: 220ff.). Daraus ergibt sich ein Frame der Desintegration, konkret dem des Anderen, nicht mit Österreich zu vereinbarenden: kurz aus Sicht wirkungsmächtiger Diskursakteur*innen: der Islam/die Anderen.

5.2.3 Darstellung von Entscheidungsträgern

Bereits die quantitative Analyse des Bildmaterials machte deutlich, dass überwiegend Politiker und andere Entscheidungsträger im Kontext der Arbeitsmarktintegration von Flüchtlingen in Österreich als dominante Akteure den

Diskurs bestimmen. Als Außenminister hat Sebastian Kurz mit Hilfe eines sogenannten Expert*innenrats das „50 Punkte Programm Integration" sprichwörtlich auf den Weg gebracht und wird darüber hinaus in dem Sample zu den Themen Integration in Form seines Profils mehrmals bildlich dargestellt (siehe exemplarisch Abbildung 16). Besonders für seine frühen Forderungen „nicht integrationswillige" Flüchtlinge mit einer Mindestsicherungskürzung zu sanktionieren, wurde über ihn im Herbst 2015 berichtet. Er stand frühzeitig stellvertretend für die „Herausforderung" der Flüchtlingsintegration.

Dabei auffällig ist hier, dass es sich stets um anzugtragende männliche Personen handelt, welche in einer erklärenden, beziehungsweise machtgeladenen Position gezeigt werden. Stilistisch unterscheiden sich die Bilder durch erklärende und aktiv-gestalterische Gesten, wie den damaligen Außen- und Integrationsminister Sebastian Kurz (ÖVP) oder den ehemaligen Arbeits- und Sozialminister und Gewerkschaftler Alois Stöger (SPÖ) (Abbildung 16 und 18). Vor allem die Form des Anzugtragens impliziert eine Autorität (vgl. Prack 2010), die den Diskurs bezüglich der Arbeitsmarktintegration zusätzlich machtasymmetrisch auflädt. Einerseits steht den Personen, um die es geht, ein subalternes Machtgefüge im Sinne Spivaks gegenüber, da sie einerseits De-Individualisiert werden und sich andererseits durch den Entscheidungswillen der Entscheidungselite am anderen Ende der Machthierarchie befinden. Zudem steht die Repräsentanz, die durch bestimmte Entscheidungsträger vollzogen werden, für spezifische Einstellungen und Werte. Ihre Dominanz und die Art der Repräsentation haben einen Einfluss auf den Diskursverlauf (vgl. Sülflow/Esser 2014: 291ff.), da hier nicht die Aussagen der Flüchtlinge

Abb. 16 *Datenkorpus 13: Sebastian Kurz 1*
Quelle: KrZ, 20.11.2015, S. 10.

Abb. 17 *Datenkorpus 14: Sebastian Kurz 2*
Quelle: Falter, 28.01.2016, S. 5.

Abb. 18 *Datenkorpus 15: Alois Stöger*
Quelle: Der Standard, 30.01.2016, S. 11.

im Mittelpunkt stehen, sondern die der weißen-europäischen-männlichen Anzugträger.
Neben den politischen Eliten treten auch Akteure aus der Wirtschaft auf, wie das Vorstandsmitglied des AMS-Österreich Johannes Kopf (Abbildung 19) oder der Präsident der Österreichischen Industriellen Vereinigung Georg Kapsch. Kopf ist ebenfalls in einer erklärenden Gestik wohingegen Kapsch (Abbildung 20) in einer machtdynamischen Position die Interessen der Wirtschaft, also im Bewusstsein eines nicht unerheblichen Anteils der Bevölkerung auch die Interessen Österreichs vertritt (vgl. Vertrauen in Wirtschaft siehe Reinmuth 2009). Beide sind stellvertretend für den Frame der Suggestion von Expertise, da diese die relevanten arbeitsmarktrechtlichen Entscheidungen treffen. Die Autorität wird durch ein Vertrauen in die Personen und ihre Ämter gestützt. Daher steht das Bild des anzugstragenden Entscheidungsträgers für den Frame Macht und Sicherheit.

Abb. 19 *Datenkorpus 16: Johannes Kopf*
Quelle: Die Presse, 24.08.2018, S. 13.

Abb. 20 *Datenkorpus 17: Georg Kapsch*
Quelle: Der Standard, 20.01.2016, S. 3, Bildrand oben beschnitten.

5.2.4 Darstellung von arbeitsmarktbezogenen Grafiken

Im visuellen Diskurs findet sich eine hohe Dominanz an Grafiken und Tabellen, die versuchen den Diskurs anhand von Bildstatistiken (scheinbar) überschaubarer für die Medienrezipient*innen zu gestalten und zu objektivieren. Dabei stellen sie quantifizierende Vergleiche des Sozialen und damit die „messbare Seite der Welt und des Lebens" (Mau 2017: 25) dar. Inhaltlich variieren die Grafiken und greifen verschiedene Issues wie Kosten, Administrationsherausforderungen sowie demographische Informationen auf (siehe beispielsweise Abbildung 21 und 22). Da die meisten EU-Bürger*innen die Migrationszahlen weit überschätzen (vgl. Fulterer 2018), können Grafiken dabei helfen, den Diskurs zu „objektivieren", indem Vorurteile und Unwissen über Migration (scheinbar) relativiert werden. Zum Teil werden den Grafiken, wie in Abbildung 21 exemplarisch gezeigt wird, eine Assoziation mittels einem visuellen Stimulus in Form eines Idealtypen-Stimulus hinzugefügt; hier in Gestalt eines jungen Mannes mit einem Smartphone. Damit bedient die Visualisierung gängige stereotype Imaginationen von *dem* Flüchtling (vgl. Dorn/Haas 2017). Als Teil des Diskurses stellen sie mächtige Teilaspekte dar, da sie (scheinbar) „objektiv" sind, aber Machtverhältnisse durch Art der Darstellungen und die Wahl der Referenzdaten, die visualisiert werden, mit zu konstituieren. Daher bedienen die Grafiken gleich mehrere Diskursstränge; a) die der scheinbaren Versuche der Objektivierung durch Abstraktionen in Zahlen, b) eine Verbreitung bereits etablierter Stereotypen sowie c) die Konstitutionen von Verhältnissen. Spivak hebt diesen Umstand hervor, wenn sie betont, dass Objektivität an sich ein Herrschaftsverhältnis darstellt, welches in einer ethnozentrischen Logik auch Wissen erzeugt, ohne die thematisierten Subjekte mit einzubeziehen (vgl. Hoffmann 2014: 37).

Da die Grafiken mehrere inhaltliche Issues bedienen, sollen die drei genannten Hauptdiskursstränge für die Framekategorisierung herangezogen werden. Dabei dienen Grafiken und Tabellen der (Mit-)Konstruktion der sozialen Wirklichkeit und als Abbild eben dieser. Daher scheint für die nachfolgende Analyse der Frame der (scheinbaren) Versachlichung anwendungsnützlich, da mit Statistiken, wie der Grazer Soziologe Christian Fleck konstatiert, einerseits das Vertrauen der Zahlenrezipient*innen gewonnen und bestimmte intendierte Effekte erzielt werden und sich in der Art der Darstellung und der thematischen Aufarbeitung in der Öffentlichkeit etabliert haben (vgl. Fleck 2010: 146), wie es auch im Asyl- und Arbeitsmarktstatistiken der Fall ist.

Abb. 21 *Datenkorpus 18: Grafik 1*

Quelle: Der Standard, 21.01.2016, S. 4.

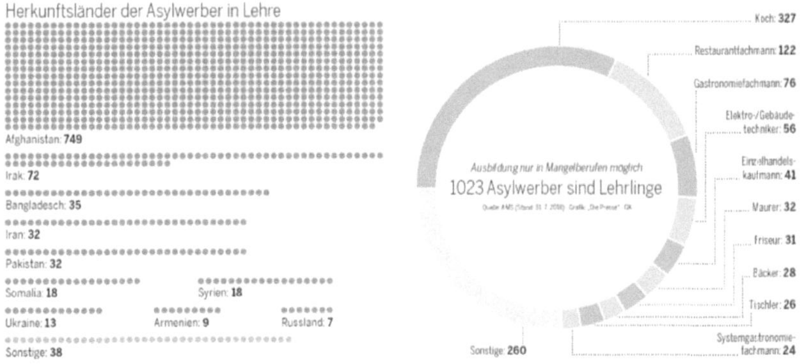

Abb. 22 *Datenkorpus 19: Grafik 2*
Quelle: Die Presse, 28.08.2018, S. 1.

5.2.5 Konstruktion von Frames

Anhand dieser ersten Ergebnisse lässt sich die erste Forschungsfrage; *Welche idealtypischen visuellen Repräsentationen der Arbeitsmarktintegration von Geflüchteten in Österreich finden sich in der rezenten österreichischen Medienlandschaft wieder?* für das hier analysierte Bildmaterial des Samples beantworten. Die Idealtypen in der visuellen Repräsentation sind dabei einerseits die vorgestellten Bildtypen und die damit zusammenhängenden Frames und andererseits allgemein anerkannte symbolstarke Institutionen wie das AMS. Aus der WDA lassen sich demnach wesentliche, für die weiterführende Analyse relevante episodische, als auch thematische Frames extrahieren, die den Diskurs bestimmen und konstituieren. Wie die WDA zeigte, sind es fünf Hauptframes die den Diskurs konstituieren:

i) Flüchtlinge (vor allem junge Männer) die einfache manuelle (handwerkliche) Tätigkeiten ausüben (Frame: Integration);
ii) männliche weiße Entscheidungsträger in Anzügen, die eine Expertise besitzen beziehungsweise Macht ausstrahlen und stellvertretend über die Arbeitsmarktintegration anderer bestimmen (Frame: Expertise für Österreich);
iii) religiösen Fanatismus/Islamismus durch die Repräsentation des Fremden, unter anderem repräsentiert durch kopftuchtragende (weibliche) Personen (Frame: Islam/Die Anderen);

iv) objektive versachlichende Darstellungen durch Grafiken und Tabellen (Frame: (scheinbare) Versachlichung) sowie den Ergänzenden Frame;
v) Herausforderungen, Kosten und Problematiken bei der Arbeitsmarktintegration durch staatliche paternalistische Akteure und Institutionen vertreten durch das AMS (Frame: Herausforderung/Kosten).

Im Folgenden sollen die vorgestellten Frames genutzt werden, um einerseits Idealtypen zu bilden und andererseits Arbeitshypothesen für die zweite Forschungsphase zu bilden.

5.3 Bildung der Idealtypen und Hypothesenkonstruktion

Die WDA hat gezeigt, dass in der medialen Repräsentation von Darstellungen der Arbeitsmarktintegration von Flüchtlingen, vor allem Politiker wie Sebastian Kurz den Diskurs dominieren. Als Integrationsminister und späterer Bundeskanzler wird er neben anderen medial- und gesellschaftlich stilisierten Integrationsexpert*innen oder Politiker*innen anderer Ressorts wie beispielsweise den amtierenden Innenminister in Kabinett Sebastian Kurz 1 Herbert Kickl (FPÖ) gezeigt. Andere Politiker sind vor allem in frühen Teilen des Datenkorpus die jeweiligen Sozialminister wie Alois Stöger. Alle Politiker werden entweder während einer Gesprächsausführung (siehe Abbildung 16 und 18) oder im Portrait (siehe Abbildung 17) präsentiert. Darüber hinaus wurden auch führende Vertreter und Entscheidungsträger wie der AMS-Chef Johannes Kopf oder Georg Kapsch der Industriellen Vereinigung im Portrait oder in einer erklärenden Gestik während des Gesprächs dargestellt. In allen Bildern strahlen die Personen Kompetenz, Autorität und Macht aus. Alle Abgebildeten sind männlich und tragen Anzüge. Daraus ergibt sich folgender Idealtyp A, ein Bildnis einer anzugtragenden männlichen Person, die Autorität und Kompetenz ausstrahlt.

In allen Beiträgen des Samples wurde das AMS-Logo nicht stellvertretend für Flüchtlinge verwendet. Dieser Umstand kann den Zeiträumen des Samples geschuldet sein. Eine einfache *Google* Bilder-Abfrage mit den Suchbegriffen „Flüchtlinge", „Arbeitsmarkt" und „Österreich"[37] zeigt, dass neben Grafiken das

---

37 Beispielsuche: https://www.google.com/search?q=fl%C3%BCchtlinge+arbeitsmarkt+%C3%B6sterreich&rls-=-com.microsoft:de-DE:IE-Address&source=lnms&tbm=isch&sa=X&ved=0ahUKEwibqNnCuLrdAhXGhKY-KH-QIUBa4Q_AUICygC&biw=1244&bih=645&dpr=1.5 (14.05.2019).

AMS-Logo die zweithäufigste bildliche Darstellung in diesem Kontext ist. Daher soll das AMS-Logo als Idealtyp B mit aufgenommen werden.

Der dritte Idealtyp wird aus der dritthäufigsten und zugleich vielseitigsten Art der Darstellung gebildet werden; durch junge Männer, der in einer handwerklichen Tätigkeit (in einer Firma) dargestellt wird. Die Bilder variieren von den idealisierten Darstellungen hinsichtlich ihrer beruflichen Ausübung einer bestimmten Tätigkeit, wie zum Beispiel als Koch (Abbildung 12) oder als Frisör (Abbildung 4) oder in einem Betrieb während sie Maschinen bedienen (Abbildung 4) oder unmittelbar in ihren spezifischen Handwerken (Abbildung 5, 9 und 10). In allen Darstellungen werden vornehmlich Einzelpersonen dargestellt, die einer identifizierbaren Handlung nachgehen. Dies geschieht im Kontext der späteren Berichterstattung um Lehrberufe und Arbeitsmarktintegration. Damit heben sich die visuellen Repräsentationen von den problematisierten anonymen Massendarstellungen von Flüchtlingen der frühen Visualisierungen ab. Als einzige Ausnahme des Samples ist hier eine Darstellung im Kontext von Ernte/Saisonarbeit zu nennen (siehe Abbildung 8). Daraus lässt sich der Idealtyp C ableiten, ein junger männlicher Flüchtling in der Ausübung einer handwerklichen Tätigkeit. Die idealtypische Darstellung wird durch eine fachberufliche Kleidung sowie der Identifizierbarkeit der Person ergänzt.

Der vierte Idealtyp D stellt eine fluchtbezogene Grafik beziehungsweise Tabelle dar. Die Tabelle hat nicht zwangsweise einen unmittelbaren Bezug zur Arbeitsmarktintegration von Geflüchteten. Grafiken in dem Diskurs sind überwiegend vergleichend zu anderen (EU-)Ländern und ziehen interethnische Gruppenvergleiche zwischen den Asylwerbenden oder stellen Geflüchtete auf dem österreichischen Arbeitsmarkt als homogene Entität vergleichend zu anderen Gruppen, wie autochthonen Österreicher*innen, dar.

Als letzter Idealtyp werden religiöse Symbole verwendet. Im Sample stellten Symboliken wie das Kopftuch nur eine quantitative Minderheit dar. Allerdings sind sie emotional stark konnotierte materielle Kulturträger (vgl. von Braun/Mathes 2017), welche mit in das Experiment aufgenommen werden sollten, da sie einerseits den Diskurs im Allgemeinen mittragen und andererseits ein interessantes kontrastierendes Framing hervorbringen können.

Für eine Übersicht über die Idealtypen siehe nachfolgende Tabelle 2. Die visuellen Stimuli zu den Idealtypen werden im folgenden Abschnitt 5.4, zur Operationalisierung des Experimentes, vorgestellt.

Tab. 2 *Idealtypen für Experiment*

Idealtyp	Beschreibung	Frame	N
A) Der Politiker	Männlich, Anzug, strahlt Autorität und Expertise aus	Expertise	19
B) AMS	AMS-Logo	Kosten	-
C) Der „Flüchtling“	„Flüchtling“ mit Berufskleidung	Integration	9
D) Grafik	Vergleichende flüchtlingsbezogene Darstellungen	Versachlichung	13
E) religiöse Symbole	Kopftuch als Symbol für „die Anderen“	Die Anderen	2

Im Zusammenspiel mit dem Forschungsstand, den Theorien und Konzepte des Kapitels II sowie den Ergebnissen der WDA ergeben sich daher folgende Hypothesen, welchen sich mit Hilfe des Experimentaldesigns angenähert werden sollen. Bezugnehmend auf die etablierte Kontakthypothese von Gordon W. Allport kann die folgende erste Hypothese H1 gebildet werden:

> H1: Je weniger Kontakt eine Person mit Geflüchteten pflegt, desto emotional stärker werden die Bilder bewertet.

Darüber hinaus stellt die eigene politische Verortung ein wesentliches Merkmal dar, welches die Wahrnehmung mit beeinflussen kann. Da sich Personen, die sich eher links verorten, die einen gewissen Universalismus und Kosmopolitismus vertreten, liegt die These nah, dass diese Personen eher positiv auf die Bilder reagieren. Daraus folgt die Hypothese H2:

> H2: Personen die sich selbst als politisch „links“ verorten reagieren auf die Bilder mit positiveren Emotionen als Personen, die sich eher „rechts“ verstehen.

Durch die mediale Inszenierung eines bedrohlichen Islams und der zunehmenden Diskursverschiebung zwischen Migrantisierung von Muslim*innen und der Islamisierung von Migrant*innen (vgl. Spielhaus 2018) kann davon ausgegangen werden, dass „muslimische“ Symbole, wie jenes des Kopftuches, eher negativ bewertet werden:

> H3: Bilder die „muslimische“ Symbole zeigen, werden emotional negativer wahrgenommen, als nicht-„muslimische“ Darstellungen.

Da die in Abschnitt 1.5 thematisierte Skepsis bezüglich der Arbeitsmarktintegration von Zuwander*innen groß ist und es anfangs im Kontext der Issue Flucht vornehmlich Bilder von anonymen Massen die visuelle Berichterstattung dominierten, soll eine Darstellung eines vermeintlichen Flüchtlings während der Arbeit gezeigt werden. Diese steht im Gegensatz zu einer vermeintlich „objektiven" Statistik oder einem Experten oder Politiker, die weniger emotionale Reaktionen hervorrufen. Daraus ergibt sich folgende Hypothese H4:

> H4: Personen reagieren im Kontext von Arbeitsmigration emotional stärker bei Tätigkeitsdarstellungen als bei grafischen Abbildungen oder einem Bild, das einen vermeintlichen Politiker oder Experten zeigt.

Hinsichtlich der aktuellen Social Survey Daten für Österreich und den ermittelten Einstellungsunterschieden zwischen den Geschlechtern und Bildungsklassen ergeben sich folgende Hypothesen H5 und H6:

> H5: Weibliche Personen reagieren weniger negativ auf die Bildstimuli als es männliche Personen tun.
> H6: Je höher der Bildungsabschluss einer Person ist, desto weniger negativ reagiert die Person auf die Bildstimuli.

Da das Einkommen und der Erwerbsstatus einen Einfluss auf die Wahrnehmung und die Einstellungen haben können, da ausgehend von der Gruppenbedrohungsthese Abstiegsängste durch Zuwanderung geschürt werden, ergibt sich folgende Hypothese H7:

> H7: Je niedriger das Einkommen einer Person ist, desto negativer werden die Stimuli wahrgenommen.

Da Werteeinstellungen wesentlich für die Wahrnehmung der Flüchtlingsintegration auf dem Arbeitsmarkt sind, soll ausgehend von der Werteskala von Schwartz folgende Hypothese H8 formuliert werden:

> H8: Je universaler und weniger traditionell eine Person eingestellt ist, desto positiver wird diese auf die Bildstimuli reagieren.

5.4 Operationalisierung der Frames

Die zugrundeliegenden Bildtypen dienen dazu, die Wirkung der Frames auf die Medienrezipient*innen zu untersuchen. Dies soll anhand des Erhebungsinstrumentes eines echten experimentellen Designs (vgl. Stein 2014: 139f.) ermittelt werden. Dabei werden verschiedene Versuchs- und eine Kontrollgruppe gebildet und die Proband*innen werden randomisiert einer dieser Gruppen zugeordnet. Als Erhebungsgrundlage dient ein standardisierter Fragebogen. Das grundlegende Ziel eines Fragebogens besteht darin, Sachverhalte zu beschreiben und Hypothesen zu testen (vgl. Klöckner/Friedrichs 2014: 675). Ein Problem bei der Prüfung von Hypothesen über Ursache-Wirkungszusammenhänge liegt hierbei darin, dass ein und dasselbe Objekt nicht gleichzeitig der angenommenen Ursache zum einen ausgesetzt und zum anderen nicht-ausgesetzt werden kann (vgl. Stein 2014: 139). Aus diesem Grund werden die verschiedenen Bildstimuli durch Zufallszuweisungen in verschiedene Gruppen (VGs) eingeteilt. „Die signifikante Differenz der Mittelwerte der relevanten Variablen bei den [...] Gruppen ergibt den kausalen Effekt der unabhängigen Variablen." (ebd.: 140) Um Störfaktoren zu kontrollieren, die einen Einfluss auf die Mittelwertdifferenzen haben könnten, erfolgt eine interne Validitätsmessung.

Im Folgenden sollen die Theorien und Konzepte aus Kapitel II in einer Konzeptspezifikation erläutert und operationalisiert werden. Hierfür sollen zunächst die Grundlagen der Stimuli für das Framing vorgestellt werden, um im Anschluss zunächst die unabhängigen und die abhängigen Variablen sowie den Manipulationscheck zu erläutern.

5.4.1 Grundlage des Stimulus

Den randomisierten Experimentalgruppen A bis E werden jeweils der gleiche Zeitungsartikel (siehe Abbildung 23) vorgelegt und mit einen der fünf Bildtypen (Abbildungen 24 bis 28) verknüpft (vgl. Lecheler et al. 2015: 818). Der Beitrag selbst ist dabei fiktiv, aber dicht an den Fakten geschrieben, um verwertbare Ergebnisse erheben zu können (vgl. Kamps et al. 2014: 146).

Als Grundlage für den Stimulus wurde der Artikel von Jakob Pallinger „Flüchtlinge auf der Suche nach Arbeit: Gekommen, um zu bleiben", der am 2. August 2018 in *Der Standard*[38] veröffentlicht wurde, gewählt, da dieser versucht, intersubjektiv, „sachlich" und weitestgehend wenig emotionalisierend den „Status Quo" der Flüchtlingsintegration in Österreich zu beschreiben. Da anzunehmen ist, dass der Artikel von einigen Proband*innen gelesen wurde und darüber hinaus zu umfangreich für ein derartiges Online-Experiment ist, soll er für das Experiment leicht verfremdet und gekürzt werden. Die Grundaussagen sollen hingegen im „Artikel" erhalten bleiben. Darüber hinaus wird auf die Nennung des Mediums *Der Standard* oder andere Medien sowie auf einen Autor*innen Namen verzichtet.

38 Online verfügbar unter: https://derstandard.at/2000084647254/Fluechtlinge-auf-der-Suche-nach-Arbeit-Gekommen-um-zu-bleiben (29.09.2019).

Tausende Flüchtlinge suchen in Österreich nach Arbeit – was von der Frage nach der beruflichen Integration übriggeblieben ist
Drei Jahre ist es her, seit die große Flucht Europa in Aufruhr versetzte. 88.000 Flüchtlinge suchten 2015 in Österreich um Asyl an. Seither sind die Asylantragszahlen stetig zurückgegangen. Doch die Debatte über Flüchtlinge ist heute lauter denn je.

Haben die Geflüchteten die Wirtschaft belebt oder gebremst?
Um die Arbeitsmarktsituation von Geflüchteten einschätzen zu können, führt das AMS seit 2015 eine Kontrollgruppe von rund 9500 asylberechtigten Personen. Ende April hatten ca. 30 Prozent eine Beschäftigung gefunden und 49 Prozent waren arbeitslos oder in Schulung. Für das AMS sind die Zahlen erfreulich, denn man liege mit der Entwicklung im Plan.

Um einen besseren Einblick in den Hintergrund der vor drei Jahren nach Österreich geflüchteten Personen zu bekommen, führte das AMS Kompetenzchecks durch. Während viele der Syrer und Iraker einen Abschluss über die Pflichtschule hinaus aufwiesen, hatten unter den Afghanen nur wenige Matura oder Studium.
Eine schnelle Beschäftigung zeugt aber nicht immer von gelungener Integration

So können niedrig Qualifizierte rascher eine Arbeit finden, da sie einfachere Jobs annehmen. „Häufig ist die langwierige Ausbildung wenig attraktiv. Viele wollen schnell wieder arbeiten oder haben Schulden", meint ein Experte.

Flüchtlinge haben sich in den letzten dreißig Jahren positiv auf die Wirtschaft der Aufnahmeländer in Westeuropa ausgewirkt, heißt es in einer aktuellen Studie. Kommen Geflüchtete in einem Land an, fallen zuerst Kosten an. Geld für die Ausbildung oder Mindestsicherung muss bereitgestellt werden. Allerdings zahlen Geflüchtete auch Steuern. Sie geben Geld aus und können wichtige Stellen besetzen.

Im Vergleich zu Arbeitsmigranten brauche es bei Geflüchteten jedoch mehr Zeit, bis sich die positiven Effekte einstellen. In Österreich sind Asylwerber faktisch vom Arbeitsmarkt ausgeschlossen, sie dürfen nur in Saisonberufen arbeiten.

Abb. 23 *Stimulus-Artikel*
Quelle: Pallinger 2018, eigene Bearbeitung.

Für die fünf Experimentalgruppen wurden beliebige, aber intendierte Bilder aus Deutschen und Schweizer Medien gewählt, welche als allgemeine Platzhalter für stereotype Darstellungen zu den Frames *Macht/Sicherheit, Teilhabe, Hindernisse, Überfremdung und Versachlichung* in Tageszeitungen gelten können.

Da im österreichischen Kontext in Fragen der Flüchtlingsintegration vor allem Sebastian Kurz, als Außen- und Integrationsminister sowie als Bundeskanzler abgebildet wurde, und dieser aufgrund seiner Koalitionspolitik mit der FPÖ gesellschaftlich polarisiert hat und daher einen starken *bias* ausübt[39], soll die Stimulus-Gruppe A mit einem anderen, weniger bekannten Politiker beziehungsweise einer fiktiven Person versehen werden. Für die Experimental-Gruppe A wurde ein Bildnis eines vermeintlichen Entscheidungsträgers gewählt. Das Bild entstammt einer Schweizer Kantonszeitung, der *Solothurner Zeitung*, in dem die Ansichten eines regionalen Firmenchefs vorgestellt werden. Es ist davon auszugehen, dass die mehrheitlich österreichischen Proband*innen die abgebildete Person nicht erkennen werden und daher die Manipulation wirksam ist. Die abgebildete Person entspricht allen Kriterien der ersten Framegruppe, da dieser im Bild; männlich, vermeintlich mitteleuropäisch, anzugtragend und in einer erklärenden Pose ist. Das Bildsetting des Büros vermittelt zusätzlich, dass es sich um eine Person handelt, die sich in einer vermeintlich Machtvollen Position befindet. Das Stimulus-Material zeigt hier im Original einen Schweizer Unternehmer in einer Gesprächssituation. Das Bild kann damit die häufigste Repräsentation innerhalb des Arbeitsmarktdiskurses repräsentieren, einen Entscheidungsträger der im hegemonialen Diskus über Flüchtlinge auf dem Arbeitsmarkt Auskunft gibt.

Abb. 24 *Stimulus A: Politiker*
Quelle: Fluri 2018.

39 Da Personen wie Sebastian Kurz als „Held" (profil.at 2017) oder als „Macher" (Lingens 2018) von Teilen der Bevölkerung angesehen werden beziehungsweise emotional negativ auf die Darstellung Kurz, auf Grund seines Polarisierungsgrades, reagieren, wurde sich für eine neutralere und weniger verfängliche Abbildung entschieden.

Für die zweite Gruppe wurde ein typisiertes Bild eines AMS-Schildes gewählt. Das Schild ist klar identifizierbar, innerhalb Österreichs weitestgehend bekannt und repräsentiert eine Institution, die zunächst für die Infrastruktur von Deutschkursen und in späterer Folge zur weiterführenden Arbeitsmarktintegration, die auch medial als Akteur ins Zentrum gerückt wurde.

Abb. 25 *Stimulus B: AMS-Logo*
Quelle: NÖN 2018.

Da in der WDA aufgezeigt wurde, dass vor allem einfachere manuelle Tätigkeiten und junge Männer, in späterer Repräsentation auch lächelnd, dargestellt wurden, soll die idealtypische Repräsentation eines eben solchen jungen Mannes, der im Bildzentrum positioniert ist, verwendet werden. Er ist in einer typisierten Arbeitskleidung gezeigt und ist deutlich mit einer Maschine zur Ausübung einer manuellen Tätigkeit in Verbindung gesetzt. Das für das Experiment verwendete Bild wurde aus einer arbeitsmarktbezogenen Reportage aus dem deutschen Ratgeberportal für Arbeitnehmer*innen *AKTIV Wirtschaftszeitung* entnommen, in der 2017 der Werdegang eines jungen geflohenen Syrers in einer deutschen Elektro-Lehranstalt vorgestellt wird. Das Bild zeigt im Detail dem Namen der Firma und des jungen Mannes auf seiner Arbeitsbekleidung, was das Bild umso „authentischer" für das Experiment macht. Da das Bild, wie das des „Politikers", den Experimentalteilnehmer*innen mit hoher Wahrscheinlichkeit nicht bekannt sein sollte, aber es den Eindruck eines authentischen Pressebildes vermittelt, ist es für die Zwecke des Experimentes bestens geeignet.

Abb. 26 *Stimulus C: „Flüchtling“*
Quelle: Aktiv 2017.

Für das Stimulus-Bild der Gruppe D wurde eine Grafik des WDA-Samples gewählt, da diese einen konkreten Österreichbezug aufweist. Das Stimulus-Bild steht stellvertretend für die Versachlichung der Thematik durch Statistiken. Dabei ist hervorzuheben, dass die für das Experiment zu verwendende Grafik aufgrund der Vielschichtigkeit an visualisierten Themeninhalten und der angegebenen Datenquelle des AMS im oberen rechten Bildrand besonders geeignet ist, um als stellvertretendes Stimulusbild verwendet zu werden.

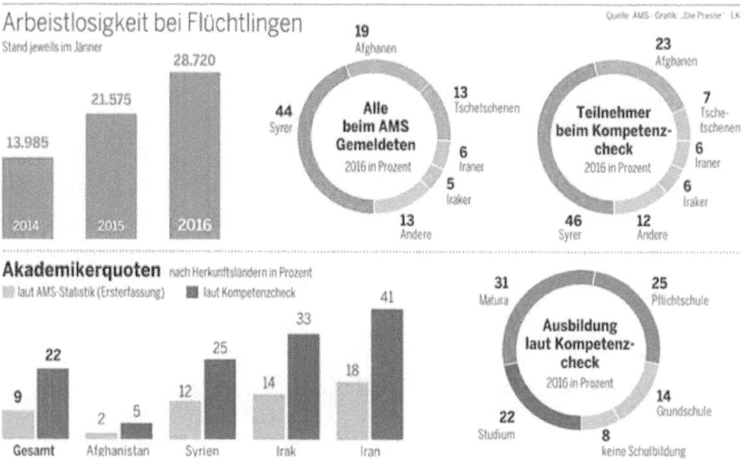

Abb. 27 *Stimulus D: Grafik*
Quelle: Die Presse 2017.

Dabei ist es wahrscheinlich, dass einige Rezipient*innen die Graphik bereits aus ihrer Medienlektüre kennen könnten. Dennoch kann diese, für das Experiment verwendete Graphik, als die geeignetste Abbildung für das beabsichtigte Forschungsvorhaben angesehen werden.

Das fünfte Bild, das einem Artikel der *Berliner Zeitung* entnommen ist, zeigt eine Kopftuchtragende Person von hinten. Dabei wird der Frame des „Islamismus" bedient. Zudem entpersonalisiert die Rückenaufnahme, sodass die abgebildete Person, im Kontext des medialen Framings, eine Stellvertretung für anonyme fremde „Massen" einnimmt, die unter der autochthonen Bevölkerung leben. Das Bild wurde zudem für das Experiment ausgewählt, da es eine Gegensätzlichkeit zwischen dem „Wir" und den „Anderen" schafft und den Frame „des Anderen" beziehungsweise der „Überfremdung" bedient.

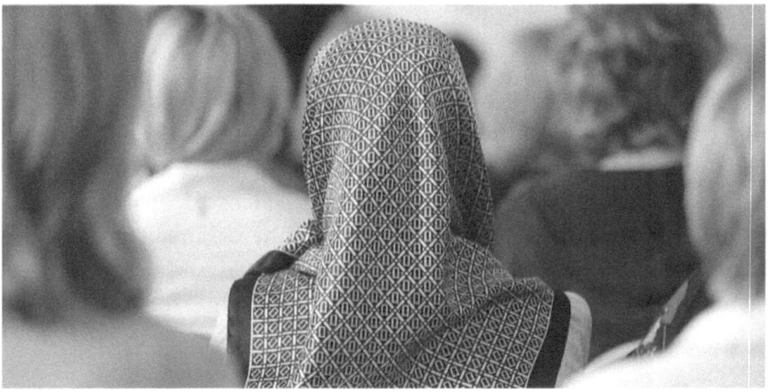

Abb. 28 *Stimulus E: Religiöse Symbole*
Quelle: Klesmann 2016.

Jedem visuellen Stimulus A bis E wird für das Experiment die gleiche Bildunterschrift (Abbildung 29) angehängt, die in abgeänderter Form dem Stimulus Artikel von Jakob Pallinger entnommen wurde. In der Kontrollgruppe wird weder ein Bild, noch die Bildunterschrift eingeblendet.

Rund ein Drittel der österreichischen Unternehmen beschäftigt laut einer Umfrage anerkannte Flüchtlinge. 91 Prozent der Unternehmen planen, zusätzliche Personen mit Fluchthintergrund einzustellen.

Abb. 29 *Bildunterschrift im Experiment*
Quelle: Pallinger 2018.

5.4.2 Messung der abhängigen Variable

Innerhalb der politischen Kommunikationsforschung, die sich dezidiert mit der Wirkung von Emotionen auf Rezipient*innenverhalten auseinandersetzen, dominiert die Fokussierung auf bestimmte Emotionen, wie Enthusiasmus, Angst und Wut (vgl. Valentino et al. 2008). Lecheler und Kolleg*innen (2015) orientierten sich für die Messung der Emotionen in ihrer Studie zur emotionalen Reaktion, bezüglich Immigration auf dem niederländischen Arbeitsmarkt, an den in der psychologischen Literatur etablierten *The Positive and Negative Affect Schedule* (PANAS) Modell[40]. Sie nahmen folgende sieben Emotionen in ihre Messung mit auf: *Zufriedenheit, Mitgefühl, Begeisterung, Hoffnung, Ärger, Angst* und *Traurigkeit* (vgl. ebd.: 820). Daraus wurden zwei abhängige Affekt-Items gebildet. Eine für die positiven emotionalen Reaktionen, bestehend aus *Zufriedenheit, Mitgefühl, Begeisterung* und *Hoffnung* (PA), sowie eine für die negativen Reaktionen *Ärger, Angst* und *Traurigkeit* (NA) (vgl. Crawford/Henry 2004: 250). Da eine Überdeterminierung des Analysemodells einerseits zu vermeiden ist und andererseits eine Abfrage von (zu-) vielen Emotions-Items für die Experimentalteilnehmer*innen ermüdend und für die Analyse verfälschend sein kann, soll sich aus forschungspragmatischen Gründen auf diese sieben, etablierten Emotionen in der Forschung beschränkt werden. Gemessen werden die PANAS auf einer fünfstufigen Likert-Skala mit einem Kontinuum von „gar nicht" bis „äußerst".

5.4.3 Messung der unabhängigen Variablen

Die Reihe der unabhängigen Variablen umfasst verschiedene Items zu Fragen der politischen Einstellung und den Einstellungen zur Integration auf den Arbeitsmarkt (5. 4. 3. 1) über gefestigte Werteeinstellungen (5. 4. 3. 2) hin zu Fragen des Kontaktes und der Kontakthäufigkeit (5. 4. 3. 3), soziodemographischen Aspekten (5. 4. 3. 4) sowie im Besonderen den sozioökonomischen Status.

---

40 Das PANAS Modell ist ein globales Verfahren zur Erfassung der Affektivität (positiver und negativer affektiver Zustände) und besteht aus zehn jeweils positiven und negativen Empfindungen (vgl. Krohne et al. 1996: 141f.).

5.4.3.1 Politische Einstellung und Einstellungen zur Arbeitsmarktintegration von Flüchtlingen

Neben der Frage der politischen Selbstverortung auf dem Kontinuum „links" bis „rechts" sollen drei Frageitems aus der Lecheler et al. (2015: 820) Studie übernommen werden. Die drei Fragen:

(1) „To what extent do you agree or disagree that the career event is a good opportunity for immigrant women to be introduced to the Amsterdam labor market?"
(2) „To what extent do you agree or disagree that local activities, such as the career event for immigrant women, will help the integration of immigrants into Dutch society?"
(3) „To what extent do you agree or disagree that diversity will be beneficial for the Amsterdam labor market?"

wurden ins Deutsche übersetzt und für den österreichischen Kontext adaptiert:

(1) „Inwiefern stimmen Sie folgender Aussage zu, dass der Zugang zum Lehrstellenmarkt eine gute Möglichkeit für Flüchtlinge darstellt sich in den Arbeitsmarkt zu integrieren?"
(2) „Inwiefern stimmen Sie folgender Aussage zu, dass lokale Initiativen, wie die von kleinen oder mittelständischen Unternehmen, helfen, die Integration von Flüchtlingen in die österreichische Gesellschaft zu fördern?"
(3) „Inwiefern stimmen Sie folgender Aussage zu, dass Diversität ein Gewinn für den österreichischen Arbeitsmarkt darstellt?"

Dabei wurde das ursprüngliche Messniveau von einer 7-Punkt-Likert Skala auf eine 5-Punkt-Punkt-Likert Skala transformiert. Die erste Frage rekurriert damit unmittelbar auf die im Spätsommer zum Teil emotional und kontrovers diskutierte Frage nach der Abschiebung von Flüchtlingen in Lehrberufen. Die zweite Frage zielt auf die hervorhebenswerte Rolle kleinerer und mittlerer Unternehmen (KMU) ab, da diese 99,7 Prozent der österreichischen Unternehmenslandschaft darstellen (vgl. BMDW 2018). Die dritte Frage zielt allgemein auf die Einstellungen zur Diversität ab, da dieses ein ebenfalls viel diskutiertes und auch schwammiges Konzept darstellt, welches aber allgemein ein Charakteristikum von Großstädten darstellt (vgl. MA 17 2017: 3).

5.4.3.2 Werte

Da Werte einen starken Einfluss auf unser Handeln haben und diese sich in einem stetigen Aushandlungsprozess befinden (vgl. Klages 1989; vgl. Verwiebe et al. 2018b), sollen ausgewählte Werte vor der Stimulus-Konfrontation als Mediator für Einstellungen abgefragt werden. Theoretisch liegt der Auswahl eine umfangreiche Liste an Werten zu Grunde (vgl. Sauer 2018). Da sich im

Rahmen des Experimentes nur auf eine geringe Anzahl an Werten beschränkt werden kann, soll eine theoretisch begründete Auswahl vorgenommen werden, die es erlaubt bestimmte internalisierte Werte nach der subjektiven Bedeutung zu erfragen. Im Sozialen Survey Österreich 2016 nutzen die Studiendurchführenden das operationalisierte Schwartz-Werteskala Modell (siehe Abschnitt 2.4) zur Erfassung der Werte der Österreicher*innen. Da in dieser Studie die zehn Wertdimensionen des Modells anhand der Identifikation mit einer fiktiven Person abgefragt wurden (vgl. Haller/Müller Kmet 2018: 57f.) und sich dieses Vorgehen bewährt hat, sollen ausgewählte Frageitems in das Studiendesign mit aufgenommen werden. Ziel ist es mit dieser moderierenden Variable der Werteeinstellungen den Erklärungsgehalt der emotionalen Reaktanz zu erweitern.

Die Erfassung der Schwartz-Werteskala im Sozialen Survey Österreich 2016 findet wie folgt statt:

> „Ich beschreibe Ihnen einige fiktive Personen und möchte Sie bitten, mir anhand dieser Liste anzugeben, wie sehr Ihnen diese gleicht oder nicht gleicht." (Zit. in Haller/Müller Kmet 2018: 56f.)

Gemessen wurde diese auf einer sechsstufigen Skala von „gleicht mir sehr" bis gleicht mir gar nicht" (vgl. ebd.: 56f.). Gemessen wurden die Werte der Selbstbestimmung, Macht, Sicherheit, Hedonismus, Wohlwollen, Leistung, Stimulation, Konformität, Universalismus und der Tradition. Da die Item-Batterie zu umfangreich für das angestrebte Forschungsdesign ist, und auch keine Notwendigkeit darin besteht alle Werte an dieser Stelle zu erheben, soll sich auf eine reduzierte Auswahl von fünf Werten – *Sicherheit, Wohlwollen, Konformität, Universalismus, Tradition* – beschränkt werden. Die hier vorgestellte Auswahl ergibt sich einerseits aus den oben skizzierten Sicherheitsbedenken, die mit Flüchtlingen und dem Islam assoziiert werden, der medial inszenierten Willkommenskultur, die empirisch messbare Hilfsbereitschaft vieler Österreicher*innen sowie grundlegenden Strukturdaten zur österreichischen Werteeinstellungen (vgl. ebd.: 59). Demnach befinden sich vier der fünf geführten Werte unter den am häufigsten Identifizierten der Österreicher*innen. Die fiktiven Personenbeschreibungen zu den fünf Werten sind adaptiert aus dem Sozialen Survey 2016 und lauten wie folgt (siehe ebd. 59):

> Sicherheit: „Es ist ihm/ihr wichtig, in einer sicheren Umgebung zu leben. Er/Sie vermeidet alles, was seine/ihre Sicherheit gefährden könnte."

> Wohlwollen: „Es ist ihm/ihr wichtig, den Menschen in seiner/ihrer Umgebung zu helfen. Er/Sie möchte sich um deren Wohlergehen sorgen."

Konformität: „Es ist ihm/ihr wichtig, ein anständiges Leben zu führen. Er/Sie möchte alles vermeiden, was Leute als Fehltritt bezeichnen können."

Universalismus: „Er/Sie ist überzeugt, dass sich die Menschen um ihre Umwelt kümmern sollen."[41]

Tradition: „Tradition sind ihm/ihr wichtig. Er/Sie möchte jene Sitten und Gebräuche befolgen, die ihm/ihr durch Religion oder die Familie überliefert wurden."

5.4.3.3 Art des Kontaktes und Kontakthäufigkeit

Um die Allport'sche Kontakthypothese zu operationalisieren werden zwei Items verwendet, die Art des Kontaktes sowie die Kontakthäufigkeit. Diese wird von „nie" bis „sehr oft" (Mehrmals die Woche) erfragt. Die Frage „Wenn Sie Kontakt mit Flüchtlingen haben, wo findet dieser Kontakt statt?" bietet eine Mehrfachauswahl von *beruflich, über Privat/Freundschaftlich, im Ehrenamt, im Verein, im Sprachtandem, auf der Straße/Supermarkt* bis *gar keinen Kontakt* auswählbar, wobei das Antworten-Set nicht hierarchisch angeordnet ist.

5.4.3.4 Soziodemographie

Soziodemographische Variablen stellen Hintergrundmerkmale einer Bevölkerung dar, über „die die Population einer Stichprobe [...] eines Forschungsprojektes beschrieben werden kann" (Hoffmeyer-Zlotnik/Warner 2014: 733). Dabei umfassen sie einerseits demographische Merkmale wie Geschlecht und ethnische Zugehörigkeit und andererseits Merkmale, welche zur Analyse sozialer Ungleichheiten relevant sein können wie beispielsweise Bildung, Ausbildung, Erwerbsstatus sowie Einkommen. Sie zählen für die Interpretation von Einstellungen zu den unabhängigen Variablen (vgl. ebd.). Neben gängigen Strukturmerkmalen, wie dem **Geschlecht** (männlich, weiblich, anderes), sollen auch das kategorisierte **Alter** (1 = 19 und jünger; 2 = 20 bis 29; 3 = 30 bis 39; 4 = 40 bis 49; 5 = 50 bis 59; 6 = 60 bis 69; 7 = 70 und älter) und Aussagen über **Staatsangehörigkeit** und **Migrationsgeschichte** ermittelt werden. Hierfür wird zum einen die eigene Staatsbürger*innenschaft und das Land beziehungsweise Region berücksichtigt, in denen die Eltern geboren und aufgewachsen sind.

Relevante arbeitsbezogene Daten wie Bildung, Erwerbstätigkeit und Art der Beschäftigung werden ebenfalls erhoben. Als höchsten

41 Diese fiktive Charakterbeschreibung wurde gekürzt, da der zweite Teil einen eventuell zu Irritationen führenden Schwerpunkt auf Umweltschutz hatte; *Umweltschutz ist ihm/ihr wichtig.*

formalen Bildungsabschluss können sich die Studienteilnehmer*innen in einem einfachen Antwortset von *Noch in der Schule, über keinen Schulabschluss*, in allen gängigen Ausbildungsinstitutionen, von der Berufsschule bis hin zur Universität, verorten.

Der **sozioökonomische Status** (SES)[42] wird in der Regel über einen Index ermittelt, der sich über die Abfrage des Berufs, des Einkommens und des Bildungsniveaus definiert (vgl. Ditton/Maaz 2011: 193). Dabei sind Fragen bezüglich des Berufs oder dem Bildungsniveau in der Regel wenig problematisch zu erfragen. Allerdings stellt die Frage nach dem Einkommen (Nettoeinkommen, Haushaltsnettoeinkommen) eine sensible Frage dar (vgl. ZUMA 1999: 10), die bis zum Abbruch des Fragebogens führen kann.

Über die **berufliche Tätigkeit**, klassifiziert nach der *International Standard Classification of Occupations* (ISCO)[43], kann sowohl das berufliches Prestige, als auch der SES abgeleitet werden. Allerdings müssten die Angaben zum Beruf mittels einer offenen Frage erhoben werden, da die mögliche Antwortspanne zu groß ist, um sie der befragten Person mit einer geschlossenen Frage beantworten zu lassen (vgl. Züll 2015). Besonders im Kontext von Online-Umfragen kann dies ebenfalls zum frühzeitigen Abbruch führen, da die Personen gezwungen wären ihre Berufe einzugeben. Nach einer umfangreichen Recherche und Abwägen[44], soll sich dem Thema des SES mittels einer **einkommensabfragenden Variable** angenähert werden.

---

42 „Neben dem SES sind Berufsprestigemaße, die auf der Einschätzung der gesellschaftlichen Anerkennung von Berufen beruhen, ein weitverbreiteter Indikator für den sozialen Hintergrund." (Ditton/Maaz 2011: 193f.)

43 „Die ISCO ist ein von der International Labour Organisation (ILO) erstelltes Instrument zur Klassifikation von beruflichen Tätigkeiten - nicht von Berufsbezeichnungen." (Hoffmeyer-Zlotnik/Warner 2014: 736)

44 Neben der klassischen Variablen gibt es weitere Möglichkeit den SES zumessen, ohne Fragen nach den Haushaltseinkommen zu stellen. Demnach besteht eine Möglichkeit in der Abfrage bestimmter kultureller Güter (vgl. Bos et al. 2003). In Anlehnung an Pierre Bourdieus (1983) Theoretisierung der sozialen Ungleichheit und der Marx'schen Erweiterung der Kapitalarten in kulturelles und soziales Kapitel, können Rückschlüsse beispielsweise durch den quantitativen Buchbestand des Haushaltes ermittelt werden. Hierfür kann die Skala der Deutschen Shell Studie (2002) angewendet und erweitert werden, die auf die Frage: *Wie viele Bücher haben Sie zu Hause*? ein Antwortkontinuum von „1" = „nur wenige" bis „5" = „sehr viele" vorgibt (vgl. Paulus 1999). Es soll kritisch vermerkt werden, dass diese Variable fast ausschließlich im Kontext von Kinder- und Jugendbefragungen Anwendung findet und Personen, die über viel Geld verfügen, aber keine physischen Bücher kaufen wollen, so nicht erfasst werden.

Hierfür wurden die aktuellsten EU-SILC (European Union Statistics on Income and Living Conditions) Daten (2017) mit einbezogen, welche unter anderem die medianen Äquivalenzgesamtnettoeinkommen auf Basis von Einkommenserhebungen errechnen (Eurostat 2018). Für eine spätere multivariate Analyse ist es von Vorteil, mit dem äquivalierten Netto-Haushaltseinkommen zu arbeiten (vgl. Verwiebe 2014), daher soll im Survey nach dem verfügbaren Haushaltseinkommen gefragt werden. Als Richtlinie zur Einkommenskategorisierung dienen die Angaben, welche Eurostat für das äquivalierte Nettohaushaltseinkommen berechnet haben. Im Kontext der soziologischen Ungleichheitsforschung, in welcher mit dem Median-Äquivalenzeinkommen zur Schichtbildung gearbeitet wird, ergeben sich fünf Einkommensschichten, die als soziale Klasseneinteilungen dienen können. Personen sind dem zur Folge von Armut betroffen, wenn Sie unter 60 Prozent des Median-Äquivalenzeinkommens verfügen. Personen, die dem Prekariat zu zuordnen sind, verfügen über 60 bis 80 Prozent, die der sogenannten Mitte 80 bis 140 Prozent, Personen die im Wohlstand leben 140 bis 200 Prozent und Personen über 200 Prozent sind demnach reich (vgl. Fritsch/Verwiebe 2016). Eine Strukturanalyse mit Daten aus dem Jahr 2011 ergab für Österreich, dass zirka 48 Prozent der Personen der „Mitte" zuzurechnen waren, 17 Prozent dem „Prekariats" und 14,4 Prozent galten in Österreich 2011 als „relativ Arm" (vgl. ebd.: 112). Mit einem gerundeten monatlichen äquivalierten Medianeinkommen von 2.062 Euro je Person[45] ergeben sich folgende Einkommensklassen nach sozialen Schichten, welche nach Einkommenskategorien wie folgt abgefragt werden:

Tab. 3 *Einkommensschichten im Survey*

Soziale Klasse	Einkommen nach Median in %	Nummerisch*	Variable im Survey
Armut	bis 60	bis 1237	1 = bis ca. 1235
Prekariat	60 bis 80	bis 1650	2 = bis ca. 1650
Mittelschicht	80 bis 140	bis 2887	3 = bis ca. 2885
Wohlstand	140 bis 200	bis 4124	4 = bis ca. 4125
Reichtum	ab 200	Mehr als 4124	5 = mehr als 4125

Quelle: *Eigene Berechnung.

45 Eigene Berechnung auf Grundlage der Eurostat Daten aus dem Jahr 2017 (vgl. Eurostat 2018). Die Zahl orientiert sich an dem äquivalierten Jahresnettoeinkommen von 24.752 Euro (für das Jahr 2017). Diese Angabe umfasst in der Regel auch das 13. und 14. Monatsgehalt sowie sonstige Zuschläge.

5.4.4 Manipulationscheck

Durch den Manipulationscheck wird überprüft, ob die Manipulation der Versuchsbedingungen erfolgreich war. Neben einen Reliabilitätstest der emotionsmessenden Itemvariablen werden im Anschluss an die Itembatterie der Emotionen zwei Fragen zur Qualität und Authentizität des Stimulus-Artikels abgefragt (vgl. Lecheler et al. 2015: 820):

Wie hat Ihnen der Artikel stilistisch gefallen? wird durch eine fünfstufige Skala von „sehr gut" bis „sehr schlecht" gemessen.

Wie authentisch haben Sie den Artikel als Beitrag eines Qualitätsmediums empfunden? wird durch eine vierstufige Skala „von sehr authentisch" bis „sehr unrealistisch" abgefragt. Ob die Proband*innen das vorgegebene Studienvorhaben, die Verbesserung der Qualität in österreichischen Qualitätsmedien, als realistisch im Vorgehen erachten, kann anhand der beiden Items überprüft werden.

5.5 Pretest

Ziel des Pretests ist es die Datenerhebung vor ihrem eigentlichen Beginn zu optimieren (vgl. Weichbold 2014: 299). Als qualitätssicherndes Instrument dient dieser unter anderem dazu, das Befragungsdesign von beispielsweise weniger brauchbaren Items umzustrukturieren, aber auch dazu, die Wirksamkeit der Stimuli zu testen und hat daher einen Einfluss auf die Fragebogenentwicklung (vgl. ebd.: 300).

Der Pretest wurde Ende September 2018 mit Personen aus dem erweiterten Bekanntenkreis des Studienautors durchgeführt. Es haben insgesamt zehn Personen in Abwesenheit des Studienleiters an dem Pretest teilgenommen und im Anschluss im *Think-aloud* Prinzip, also der Bitte, dass die befragten Personen ihre Gedanken im Zuge der Beantwortung Schwierigkeiten, Irritationen und Korrekturvorschläge auszusprechen (vgl. ebd.: 301). Zusätzlich fand ein *Probing* als Nachfragetechnik statt, was bedeutet, dass nach der Beantwortung der Fragen weitere Zusatzfragen gestellt wurden, die sich auf das Verständnis der Fragen, der Wahl der Begriffe und der Antwortkategorien bezogen (vgl. ebd.). Hierbei kam es zum Teil zu intensiven Änderungen des Designs, zu formalen Anpassungen sowie inhaltlichen und sprachlichen Modifikationen.

Da im Pretest eine Varianz der Teilnehmer*innen berücksichtigt wurde, haben sowohl Personen mit nicht-deutschsprachigem EU-Migrationshintergrund, Personen aus der Medienbranche, Personen aus der sozialpsychologischen Forschung, Personen aus der Arbeit im Flüchtlingsbereich sowie Personen ohne unmittelbaren Österreichbezug an dem Pretest teilgenommen. Vor allem verursachten Items zur Frage der sozialen Herkunft und des Kontakts mit Flüchtlingen Irritationen, sodass hier die größten Sprach-, als auch Verständnisprobleme auftraten, welche durch die Anregungen der Proband*innen modifiziert wurden. Bei der Frage nach dem Migrationshintergrund, konkret der Frage nach der Herkunft der Eltern, wurde auf Begriffe wie „EU alt"; „EU neu"; „EU13"; „EU28" oder „Westasien", was korrekte Begriffe wären, verzichtet und stattdessen mit den Begriffen „EU Sonstige" und „Naher Osten" operiert. Durch die Hinweise aus der Flüchtlingsbetreuung wurde bei Frage des Kontaktes Beziehungsitems wie Familie und Freundschaft hinzugefügt. Formal wurde die Schriftart auf Arial geändert, die Textbausteine formatiert und Filterfragen eingefügt, da sich Fragen bezüglich der Art der Erwerbstätigkeit für im Haushalt tätige Personen und arbeitssuchende/-lose Personen nicht ergibt. Selbiges gilt für die Einkommensfrage, welche zunächst durch eine typische Frage der SES, der Bücherfrage (siehe Fußnote 43), ergänzt wurde und durch kritische Anmerkungen mit der Frage nach dem Nettohaushaltseinkommen ersetzt wurde. Die sogenannte Sonntagswahlfrage wurde aufgrund der allgemeinen Fragebogenlänge gestrichen. Die separaten Fragen zum Erwerbsstatus und der beruflichen Tätigkeit wirkten auf einige Teilnehmer*innen redundant, sodass sie modifiziert wurden. Nach der Frage *Was machen Sie beruflich?* wurden zwei Filter gesetzt. Personen die angeben sich in der Pension zu befinden springen demnach direkt zur Einkommensfrage, arbeitslose/-suchende Personen springen direkt zur Werte-Frage (siehe Abschnitt 5.6).

5.6 Fragebodendesign

Das Experiment hat, wie oben erläutert, fünf Stimulus-Bilder. Das heißt, dass sechs Experimentalgruppen gebildet werden; fünf die jeweils einen anderen Stimulus haben (einen anderen Frame bedienen), sowie eine Kontrollgruppe, um die emotionale „Baseline" der Proband*innen zu messen und als Referenzgruppe Vergleichswerte zu Verfügung zu stellen.

Der Fragebogen ist wie folgt formal strukturiert; die Zahlen in den Klammern geben dabei die Seite im Fragebogen wieder. Die Angaben in den eckigen Klammern die Variablen IDs im Online-Fragebogen. Die Anordnung der Fragekomplexe orientiert sich an methodischer Fachliteratur, die für den Einstieg „besonders einfache Fakt- oder Einstellungsfragen" empfehlen, „die unabhängig vom Wissen der Befragten ist" (Klöckner/Friedrichs 2014: 676), wie es beispielsweise Fragen zur Soziodemographie sind. Dabei dienen thematische Blöcke einer besseren Strukturierung. Die zentralen Fragen und Themenkomplexe sollten in der Mitte stehen (vgl. ebd.). Der Fragebogen ist wie folgt aufgebaut (siehe dafür auch im Anhang „Survey").

1) Zunächst wird das Experiment mit einem Einführungstext, der die Proband*innen auf das Thema der Bewertung von Qualitätsjournalismus einstimmen soll (siehe Anhang), eingeleitet, um unmittelbar danach die soziodemographischen Daten abzufragen (2). Auf der folgenden Seite (3) werden das Geschlecht [SD01] (*männlich, weiblich, anderes, Möchte keine Angabe machen*); das kategorisierte Alter in Jahren [SD04] (*19 und jünger; 20 bis 24; 25 bis 29; 30 bis 34; 35 bis 39; 40 bis 44; 45 bis 49; 0 bis 54; 55 bis 59; 60 bis 69* und *70 und älter*) sowie die Frage zur Staatsbürger*innenschaft [SD19] (*Österreich; Deutschland; EU-Andere; Nicht-EU* und die offene Nennung anderer Staaten). Damit werden bereits zu Beginn drei wesentliche Strukturdaten erfasst.

Im Anschluss daran (4) soll der „Migrationshintergrund" einer Person [SD07] ermittelt werden, in dem die Herkunft der Eltern erfragt wird. Zur Auswahl stehen hier in einem Mehrfach-Antworten-Set (*Österreich*; *Europa* (offene Eingabe) *Türkei*; *Naher Osten*; *Andere* (offene Eingabe). Auf Seite (5) wird nach dem höchsten (formalen) Bildungsabschluss gefragt. Hierbei wurde die Frage aus dem SoSci-Datenset den österreichischen Bildungsstrukturen hierarchisch angepasst, sodass die_der Proband*in ein Kontinuum von *Noch in der Schule* bis *Universität* angeben kann. Es folgt auf Seite (6) die Frage nach dem Beschäftigtenstatus [SD14]. Hierbei können die befragten Personen angeben, ob sie *Schüler/in*; *in Ausbildung*; *Student/in/Angestellte/r*; *Selbstständig*; *Arbeitslos/Arbeit suchend*; *in Pension* oder *Anderes* sind. Diese Frage stellt, wie in Abschnitt 5.5 angedeutet, eine Filterfrage dar. Personen die sich in Pension befinden werden direkt zum Einkommen (8) weitergeleitet und überspringen die Frage nach der Art der Erwerbstätigkeit (7). Personen die nicht explizit arbeiten (arbeitslos/-suchend) werden direkt auf die Wertefrage (9) mit Hilfe eines Filters weitergeleitet, da diese weder einer Erwerbstätigkeit nachgehen, noch in der Regel über ein Einkommen verfügen, welches nicht aus staatlichen Transferleistungen besteht. Die Frage nach der Art der Erwerbstätigkeit [SD13] umfasst die verbreiteten Formen beruflicher Arbeitszeitmodelle und erfragt neben Normalarbeitsverhältnissen (NAV) auch atypische Arbeitsverhältnisse, wie Befristung, Teilzeit, fallweiser Beschäftigung sowie Sonderregelungen wie dem Erwerb auf geringfügiger Basis und der Option „Nein, nichts von alledem". Da arbeitslose/suchende Personen nicht mit der Einkommensfrage (8) konfrontiert werden, obwohl sie relationale Leistungen beziehen, dient der ohnehin umfragebezogenen Problematik eines vorzeitigen Versuchsabbruchs bei sensiblen Fragen, wie beispielsweise der nach dem Einkommen (vgl. Klöckner/Friedrichs 2014: 677).

Die letzte Frage vor dem Filter bezieht sich auf Werte [WE02]. Hierbei werden die fiktiven Personen aus dem Fragedesign der Sozialen Survey Studie 2016 entlehnt (siehe Abschnitt 5.4.3.2). Auf einem vierstufigen Kontinuum können die befragten Personen angeben, wie sehr der beschriebene Charakter der eigenen Person „gleicht {mir gar nicht, mir nicht, mir, mir sehr}“. Mit dem Schwartz'schen Konzept zu Werten lässt sich damit umgehen, nach einer Liste von Wert-Begriffen zu fragen, welche eventuell für die befragte Person ambivalent wahrgenommen werden könnte. Diese Variable ist, wie auch die soziodemographischen Variablen, unabhängig und dient der unten folgenden multivariaten Analyse als Mediatorvariable (UV).

Im Anschluss daran wird der Stimulus-Text eingeleitet (10), welcher auf Seite (11) platziert ist. Überleitungstexte sind für die Orientierungen der befragten Personen relevant, damit sie der fortführenden Logik des Fragebogens folgen können (vgl. Klöckner/Friedrichs 2014: 677). Da der „Weiter“ Button erst nach 20 Sekunden erscheint, haben die Proband*innen ausreichend Zeit, den kurzen fiktiven Artikel zu lesen und das jeweilige Stimulus-Bild (1 bis 5) „wirken“ zu lassen. Unmittelbar nach dem Artikel werden auf Seite (12) eine Itembatterie mit möglichen Emotionen [E001] (eine Auswahl von vier positiven und vier negativen Emotionen aus dem PANAS Konzept, siehe 5. 4. 2) erfragt. Sie stellen die abhängige Variable (AV) dar, welche zentral für die Analyse sein wird. Sozialpsychologische Forschungen haben gezeigt, dass die emotionalen Reaktionen unmittelbar nach dem Stimulus gemessen werden sollten, noch bevor der eigentliche Manipulationscheck (13) durchgeführt wurde.

Dieser besteht aus zwei Fragen; [M001] *Wie hat Ihnen der Artikel gefallen?* sowie [M002] *Wie authentisch haben Sie den Artikel als Beitrag eines Qualitätsmediums empfunden?* Damit rekurrieren die Fragen auf die einleitend vorgestellte Absicht der Umfrage, die Qualität der österreichischen Qualitätsmedien zu untersuchen.

Auf den nachfolgenden Seiten werden weitere einstellungsbezogene Fragen zur Person abgefragt. Zunächst werden auf den Seiten (14), (15) und (16) Positionen zur Integration ermittelt. Die drei Fragen, welche abgeleitet aus einer thematischen Forschung von Lecheler und Kolleg*innen (2015) zum Amsterdamer Arbeitsmarkt und (muslimischen) Migrant*innen sind, können auf einer fünfstufigen Skala von „Stimme gar nicht zu“ bis „Stimme voll und ganz zu“ beantwortet werden: [P101] *Inwiefern stimmen Sie folgender Aussage zu, dass der Zugang zum Lehrstellenmarkt eine gute Möglichkeit für Flüchtlinge darstellt sich in den Arbeitsmarkt zu integrieren?*; [P102] *Inwiefern stimmen Sie folgender Aussage zu, dass lokale Initiativen, wie die von kleinen oder mittelständischen Unternehmen, helfen, die Integration von Flüchtlingen in die österreichische Gesellschaft zu fördern?* und [P103] *Inwiefern stimmen Sie folgender Aussage zu, dass Diversität ein Gewinn für den österreichischen Arbeitsmarkt darstellt?*

Es folgen auf Seite (17) zwei Fragen zur Kontakthypothese Allports (siehe Abschnitt 5.4.3.3). Zunächst wird die [K001] Kontakthäufigkeit, von *Nie* bis *sehr oft (Mehrmals die Woche)* erfragt und im Anschluss [K002] die Frage „*Wenn Sie Kontakt mit Flüchtlingen haben, wo findet dieser Kontakt statt?*" Hier ist eine Mehrfachauswahl von *Beruflich*, über *Privat/Freundschaftlich, Im Ehrenamt, Im Verein, Im Sprachtandem, Auf der Straße/Supermarkt* bis *gar keinen Kontakt* auswählbar. Die Antwortmöglichkeiten sind dabei nicht hierarchisch angeordnet.

Auf Seite (18) folgt die letzte Frage zur politischen Selbsteinschätzung [P001]. Hierfür wurde ein Schieberegler gewählt, mit dem die Person sich selbst auf einem Kontinuum von politisch „links" bis „rechts" verorten kann. Es folgen die obligatorischen Seiten mit der Möglichkeit offene Anmerkungen zu geben (19) [SD18], sowie ein abschließender Text, der die Proband*innen über die Experimentalsituation aufklärt und Kontaktinformationen anführt (20).

Im nachfolgenden Kapitel werden zunächst der Datenerhebungsrahmen sowie die Struktur der Daten vorgestellt. Es folgen Unterkapitel, in welchen deskriptive Ergebnisse und daran anschließend multivariate Analysen vorgestellt werden. Eine Diskussion der Ergebnisse wird das Kapitel 6 abschließen.

VI ERGEBNISSE des Experiments und DISKUSSION

6.1 Datenerhebungsrahmen und Struktur der Daten

Der Fragbogen konnte unter folgenden Link abgerufen werden: https://www.soscisurvey.de/Qualitaet_-Journalismus_2018/.[46] Dieser war ohne eine Zugangsbeschränkung im Internet abrufbar, sodass dieser geteilt und durch Multiplikator*innen verbreitet werden konnte. Dies stellt im Kontext einer experimentellen Forschung ein untergeordnetes Defizit dar, da dadurch die Daten nicht durch eine Zufallsauswahl generiert wurden. Während die Forschung, im Gegensatz zu Umfragen, die einen repräsentativen Anspruch haben, nicht auf Basis einer Zufallsstichprobe generiert werden muss, können die Ergebnisse im Zuge einer nicht Zufalls gesteuerten Datenerhebung genutzt werden. Für die Verbreitung wurden verschiedene Kanäle in Anspruch genommen. Der Fragebogenlink zum Experiment wurde einerseits über Soziale Medien wie Facebook im Zeitraum vom 2. Oktober 2018 bis einschließlich 25. Oktober 2018 verbreitet. Der Link war hierbei in folgenden Gruppen vorfind- und abrufbar: *share & care – wien*; *Publizistik Studierende Univie*; *Soziologie Forum-Master*. Darüber hinaus wurde der erweiterte Bekannt*innenkreis genutzt, um eine möglichst breite demographische Streuung zu erreichen. Diese verbreiteten den Link unter anderem über ihre eigenen beruflichen und privaten Netzwerke. Zudem wurde der Fragebogen über die Plattformen *Survey Circle* sowie über *Thesius* verbreitet, sodass mögliche Proband*innen erreicht werden können, die nicht über die Netzwerke des erweiterten Bekannt*innenkreises erreichbar wären.[47] Außerdem wurde

46 Hierbei wurde bewusst ein Titel gewählt, der Sinnkongruent mit dem Experimentalaufhänger, der Untersuchung der journalistischen Qualität in Österreichs Qualitätsmedien, ist.

47 *Thesius* ist eine Plattform in der unter anderen Umfragen verbreitet werden können. Durch die Bereitgabe von Incentives, wie beispielsweise Lose zu geringen Geldbeträgen, sollen hier Anreize zur Partizipation gegeben werden. Der Pool an Teilnehmer*innen ist keinesfalls repräsentativ (siehe https://www.thesius.de/umfragen (03.03.2019)). Die Plattform *SurveyCircle* ist ebenfalls eine Forschungsplattform, welche Online-Umfragen und Online-Experimente aufführt (siehe https://www.surveycircle.com/de/faq/ (03.03.2019)). Darüber hinaus wurden die *Arbeiterkammer Wien* (AK Wien) sowie die administrative Leitung des Instituts für *Publizistik- und Kommunikationswissenschaft* der Universität Wien mit der Anfrage, die Befragung infrastrukturell zu unterstützen, angeschrieben.

das Experiment, mit Rücksprache mit der *Der Standard* Redaktion, in Foren zu thematischen Artikeln im Zeitraum vom 4. Oktober 2018 bis einschließlich 10. Oktober 2018 verbreitet.

Insgesamt wurde der Fragebogen 912 Mal aufgerufen (einschließlich versehentlicher doppelter Klicks, Aufrufe durch Suchmaschinen et cetera). 311 Mal wurde die Seite 1 beendet und 227 Personen haben den Survey erfolgreich abgeschlossen. Nach der Bereinigung des Datensatzes[48] ergab sich eine Untersuchungspopulation von 225 gültigen Fällen. Die Verweildauer auf dem Fragebogen war im Mittel 388 Sekunden und im Median 372 Sekunden, mit einer Standardabweichung von 128 Sekunden, lang. Nach gründlicher Prüfung der Fälle, die über die doppelte Standardabweichung des durchschnittlichen Beantwortens des Fragebogens benötigten, wurde aus forschungspragmatischen Gründen beschlossen, diese im Sample zu belassen und nicht auszuschließen (T<120 Sekunden).

Die sechs Experimentalgruppen wurden dabei annähernd gleichverteilt gezogen (siehe nachfolgende Tabelle 4).

Tab. 4 *Verteilung der Gruppen*

Gruppe	Häufigkeit	Prozent
VG1 „Politiker	36	16
VG2 „AMS"	35	15.6
VG3 „Flüchtling"	37	16.4
VG4 „Grafik"	40	17.8
VG5 „Kopftuch"	44	19.6
Kontrollgruppe	33	14.7
N	225	100

48 Aufgrund einer geeigneteren Analyse wurden zwei Fälle ausgeschlossen, da diese zum einen keine Geschlechtsangabe tätigten und zum anderen Testdurchläufe der Survey-Plattformen waren (identifiziert durch die Angabe im offenen Kommentarfeld).

6.2 Deskriptive Auswertung

6.2.1 Soziodemographische Daten der Respondent*innen

124 Respondent*innen gaben an weiblich (55 Prozent) und 101 männlich zu sein. Knapp 38 Prozent der Proband*innen sind unter 30 Jahre und zweidrittel unter 40 Jahre alt. Dieser Umstand bedingt sich zum Teil durch die Verbreitung unter den Freund*innen- und Bekannt*innen Umfelds des Autors, durch die Verteilung von Flugblättern in den Räumlichkeiten der Universität Wien, die zur Befragung einluden und mit einem QR-Code zum Fragebogen versehen waren, sowie durch das Posten in Facebook-Gruppen.

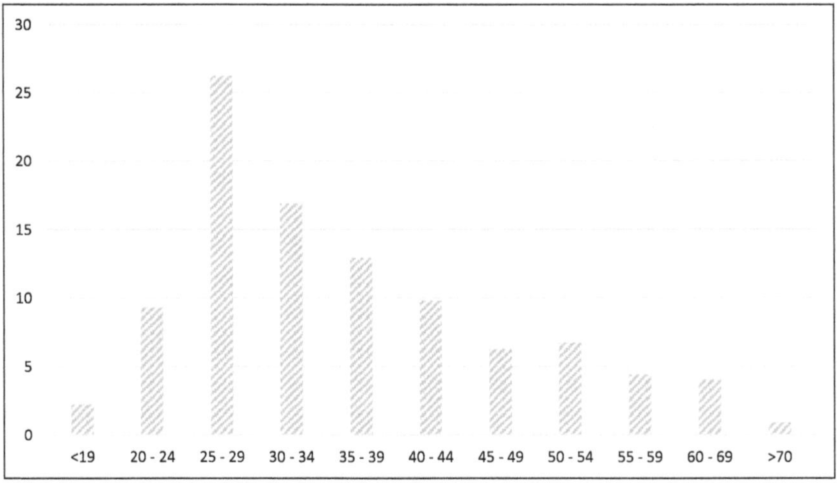

Abb. 30 *Alter in Kategorien (in Prozent)*

Bezüglich der Staatsbürger*innenschaft besitzen 192 Personen an, Österreicher*in zu sein. 23 Personen gaben an die Deutsche, vier eine andere EU- und sechs eine nicht-EU Staatsbürger*innenschaft zu besitzen. Von den 85.3 Prozent Österreicher*innen haben 16 einen sogenannten Migrationshintergrund (ermittelt durch die Angabe der Herkunft der Eltern).

Der überwiegende Anteil in der Untersuchungspopulation gab als höchsten formalen Bildungshintergrund an, einen Universitätsabschluss erworben zu haben (48.4 Prozent). 21 Personen haben als höchsten Bildungsabschluss eine AHS-Matura, 26 Personen besuchten eine BHS, HTL, HAK oder HLW und 16 Personen haben als höchsten Abschluss ein Berufsschulzertifikat. Lediglich vier Personen gaben an keinen Schulabschluss erworben zu haben (siehe Tabelle 5).

Tab. 5 *Formale Bildung*

	Häufigkeit	Prozent
Schule ohne Abschluss beendet	4	1.8
Neue Mittelschule	2	0.9
Polytechnische Oberstufe	2	0.9
Berufsschule	16	7.1
BMS Fachhochschule	2	0.9
BHS, HTL, HAK, HLW	26	11.6
AHS	21	9.3
Fachhochschule	37	16.4
Universität	109	48.4
Anderer Abschluss	6	2.7
N	225	100

Hinsichtlich der Beschäftigung gaben 56 Prozent an, in einem Angestellt*innenverhältnis zu sein. Knapp 18 Prozent sind studierend, knapp zehn Prozent selbstständig tätig, vier Prozent befinden sich in Pension, drei Personen sind verbeamtet, drei Prozent noch in Ausbildung und 3.6 Prozent gaben an, arbeitssuchend zu sein. Die Personen, die nicht angegeben haben eine Pension zu beziehen oder arbeitssuchend zu sein, waren zu knapp 41 Prozent in einem Normalarbeitsverhältnis. Die restlichen Befragten gaben die Art ihrer atypischen Beschäftigungsform an. Demnach sind knapp 20 Prozent unbefristet und in Teilzeit beschäftigt, sechs Prozent befristet und in Vollzeit, sechs Prozent befristet und in Teilzeit, sechs Prozent sind geringfügig beschäftigt, fünf Prozent arbeiten fallweise und neun Prozent gaben an, keiner der genannten Erwerbsformen nachzugehen.

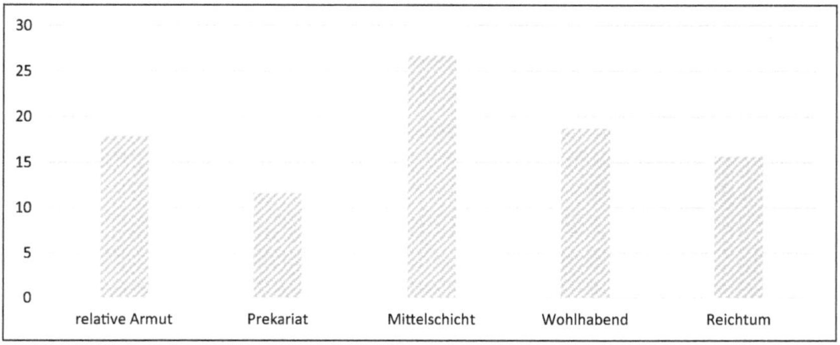

Abb. 31 *Verteilung nach Einkommensschichten (in Prozent)*

Das Einkommen ist annähernd normalverteilt (siehe Abbildung 31). Unter den Einkommenskategorien, welche den Grenzwerten der mittleren äquivalenten Nettohaushaltseinkommen für die Klassen Armut, Prekariat, Mittelschicht, Wohlstand und Reichtum entsprechen, gaben 17.8 Prozent an arm zu sein. 11.6 Prozent verfügen demnach über ein Einkommen, das sie ökonomisch dem Prekariat zuordnet, 26.7 Prozent befinden sich in der Mittelschicht, 18.7 Prozent sind wohlhabend und 15.6 Prozent sind in der Einkommensschicht der Reichen. Eine Korrelationsanalyse des Einkommens und der emotionalen Reaktion zeigt, dass umso mehr Einkommen eine Person zur Verfügung hat, diese signifikant weniger positiv auf die Stimuli reagiert (siehe folgende Abbildung 32). Für die negativen Emotionen und das Einkommen lässt sich kein signifikanter Zusammenhang ermitteln, allerdings zeigt der Trend, dass je mehr Einkommen eine Person zur Verfügung hat, desto weniger stark bewertet diese die Stimuli negativ.

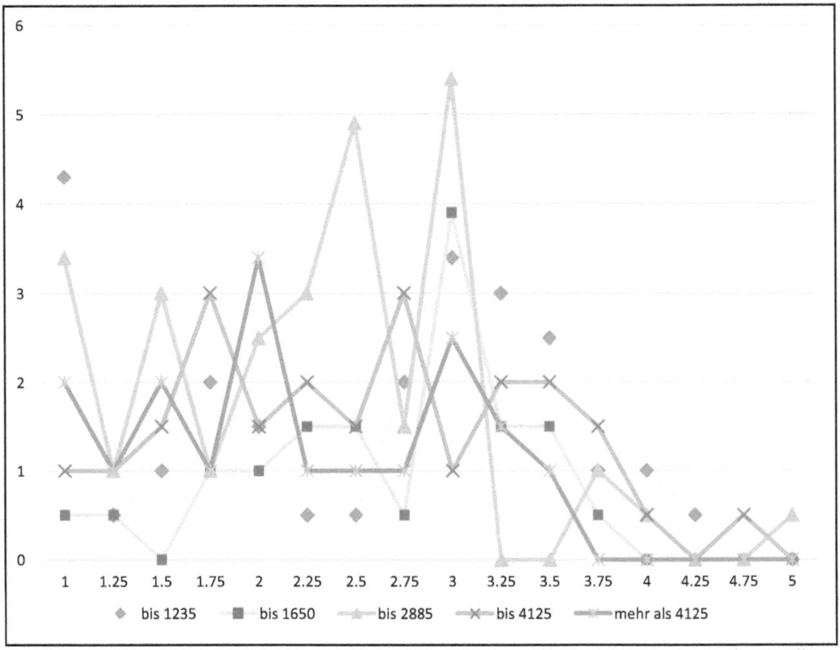

X-Achse = Index positive Emotionen (1 = sehr gering; 5 = sehr stark); Y-Achse = prozentualer Anteil an Gesamtheit; Korrelationskoeffizienten: Pearson-R = -.209**; Spearman = -.211**.

Abb. 32 *Einkommen und positive Emotionen*

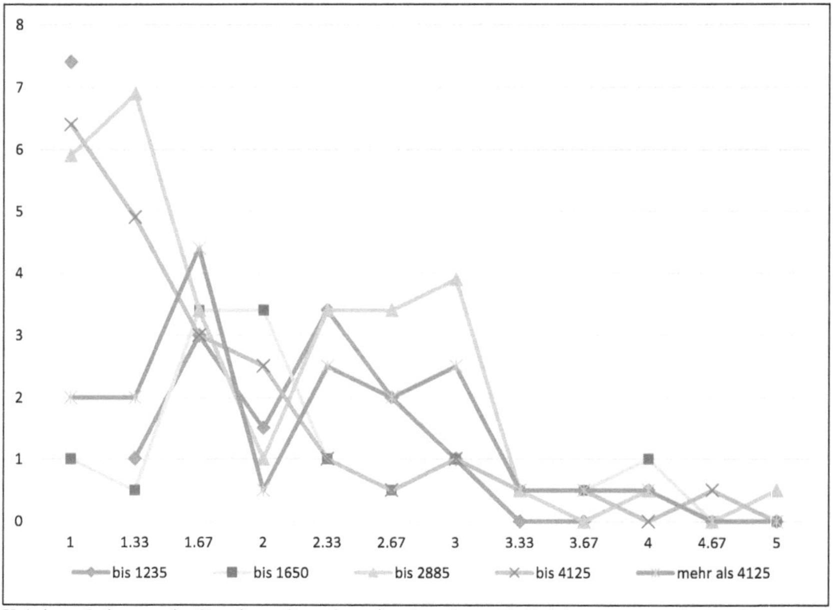

X-Achse = Index negative Emotionen (1 = sehr gering; 5 = sehr stark); Y-Achse = prozentualer Anteil an Gesamtheit; keine signifikante Korrelation nach Pearson-R und Spearman.

Abb. 33 *Einkommen und negative Emotionen*

6.2.2 Politische Selbstverortung und Einstellungen zur Integration

Politisch schätzten sich 67.6 Prozent der Personen „links" bis zur Mitte auf dem Links-Rechts Kontinuum ein. Zirka zehn Prozent verortet sich selbst im Drittel zum rechten politischen Pol und 20 Prozent verorteten sich generell rechts von der Mitte. Demnach entspricht die untersuchte Population nicht allgemeiner österreichsicher Repräsentativforschungen zum Thema politischer Verortung. Eine Zusammenfassung in Gruppierungen, mit je 20 Prozent Clustern, verdeutlicht das Strukturmerkmal der politischen Verortung in der untersuchten Population.

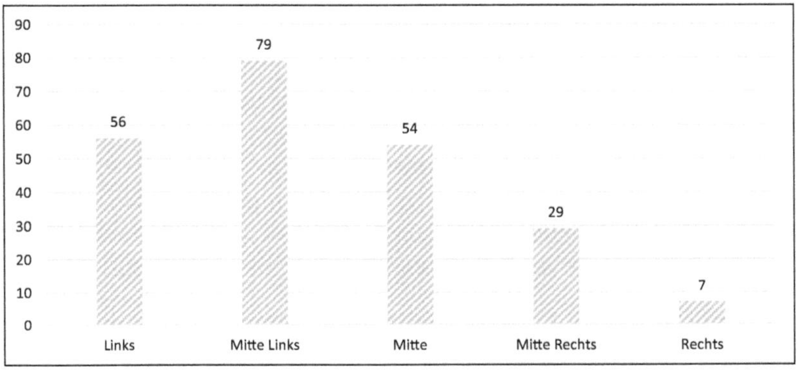

Abb. 34 *Politische Selbsteinschätzung (Gruppiert in absoluten Zahlen)*

Die Fragen zur Integration; *Inwiefern stimmen Sie folgender Aussage zu, dass der Zugang zum Lehrstellenmarkt eine gute Möglichkeit für Flüchtlinge darstellt sich in den Arbeitsmarkt zu integrieren?*; *Inwiefern stimmen Sie folgender Aussage zu, dass lokale Initiativen, wie die von kleinen oder mittelständischen Unternehmen, helfen, die Integration von Flüchtlingen in die österreichische Gesellschaft zu fördern?* und *Inwiefern stimmen Sie folgender Aussage zu, dass Diversität ein Gewinn für den österreichischen Arbeitsmarkt darstellt?* wurden überwiegend positiv zustimmend beantwortet. Lediglich bei der Frage, inwiefern Diversität als gesellschaftlichen Gewinn angesehen wird, antworteten 20 Prozent ablehnend und weitere 20 Prozent indifferent (siehe Abbildung 35).

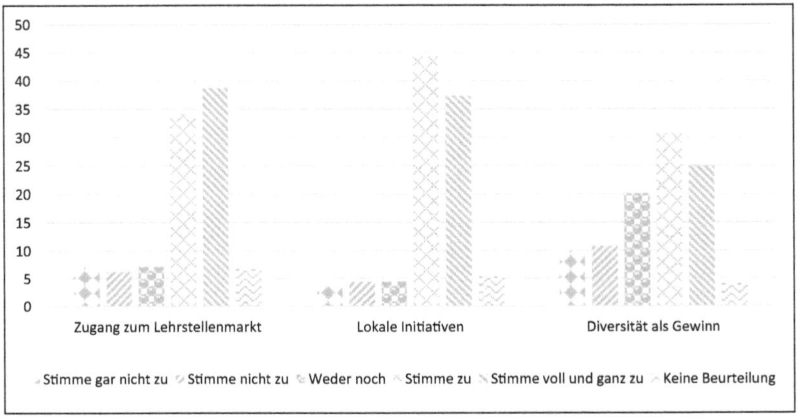

Abb. 35 *Einstellungen zur Arbeitsmarktintegration in Prozent*

6.2.3 Werte-Einstellungen in der Population

Die Selbsteinschätzungen der fünf Werte-Idealtypen führten zu sehr unterschiedlichen Identifikationsmustern unter den Proband*innen. In der Population ist demnach der Wert *Tradition* unterausgeprägt. Der Wert *Universalismus* ist dagegen stark ausgeprägt, was positiv mit der politischen Selbsteinschätzung korreliert. Ebenfalls sind die Werttypen *Sicherheit* und *Wohlwollen* stark ausgeprägt. Der Wert *Konformität*, welcher theoretisch mit den Wert Tradition positiv korrelieren kann, ist ebenso eher stark ausgeprägt (siehe Tabelle 6).

Tab. 6 *Relevanz von Werten in Prozent*

	Sicherheit	**Wohlwollen**	**Konformität**	**Universalismus**	**Tradition**
Keine	4	1.3	5.8	1.3	30.2
Gering	25.3	12.4	30.2	3.1	40.9
Stark	51.1	55.1	47.6	36.4	23.6
Sehr stark	19.6	31.1	16.4	59.1	5.3

Eine Korrelationsanalyse zeigt, dass es einen Zusammenhang zwischen dem Einkommen und den Werten Tradition und Wohlwollen gibt. Für Personen, die mehr Geld zur Verfügung haben, ist der Wert Tradition wichtiger (Pearson-R = .17*; Spearman = .169*) und für Personen, die mehr Geld zur Verfügung haben, ist Wohlwollen ein weniger bedeutsamer Wert (Pearson-R = -.182**; Spearman = -.169*). Im Kontext mit der Fragestellung, dem Zusammenhang der individuellen Werte und den emotionalen Reaktionen, ergeben sich folgende Korrelationen:

Tab. 7 *Werte und Emotionen*

Emotionen	**Korrelation**	**Sicherheit**	**Wohlwollen**	**Konformität**	**Universalismus**	**Tradition**
Positiv	Pearson-R	.041	.231***	.024	.133	-.240***
	Spearman	-.008	.222***	.012	.158	-.243***
Negativ	Pearson-R	.126	.119	.038	-.001	.267***
	Spearman	.169	.134	.09	.04	.245**

Signifikanzniveaus: * ≤ 5%; ** ≤ 1 %; *** ≤ 0.1 %.

6.2.4 Kontakt mit Flüchtlingen

Auf die Frage, wo die Person Kontakt mit Flüchtlingen haben, gaben im Mehrfach-Antworten-Set 136 Proband*innen an, diesen öffentlich, also in

Supermärkten, auf der Straße oder in Parks zu begegnen. Zweithäufigste Nennung war der berufliche Kontakt mit 69 Nennungen, gefolgt von privaten beziehungsweise freundschaftlichen Beziehungen sowie in der Ausübung einer ehrenamtlichen Tätigkeit.

Tab. 8 *Kontaktsituationen mit Flüchtlingen*

Art*	Beruflich	Privat	Im Ehrenamt	Im Verein	Öffentlich	Keinen Kontakt
n	69	61	28	22	136	28

*Eine Mehrfachnennung im Fragebogen ist möglich.

Zwölf Prozent der befragten Personen gaben an nie einem Flüchtling zu begegnen, wohingegen knapp 15 Prozent Flüchtlingen mehrmals die Woche treffen. Insgesamt haben über 50 Prozent angegeben, mindestens zwei bis dreimal im Monat Kontakt mit Flüchtlingen zu haben. Knapp 35 Prozent haben einmal im Monat oder weniger Kontakt. Hinsichtlich der emotionalen Reaktionen lässt sich eine einfach-signifikante Korrelation zwischen den positiven und eine hochsignifikante Korrelation zwischen den negativen Emotionen und der Kontakthäufigkeit feststellen (siehe nachfolgende Abbildungen). Demnach zeigt sich ein schwacher Zusammenhang: Je mehr Kontakt ein_e Proband*in mit einer geflüchteten Person hat, desto weniger stark reagiert die Person auf den Stimulus.

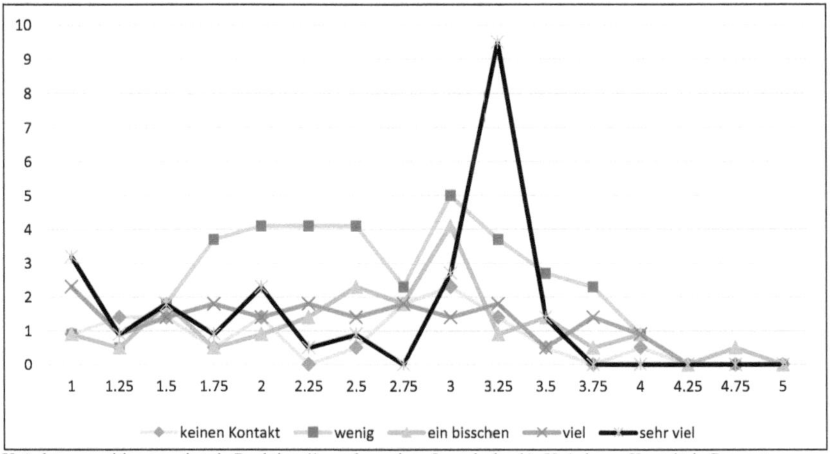

X-Achse = positive emotionale Reaktion (1 = sehr gering, 5 = sehr hoch); Y-Achse = Kontakt in Prozent.
Korrelationsmaße: Pearson-R = -.153*; Spearman = -.134*

Abb. 36 *Kontaktfrequenz und positive Emotionen in Prozent*

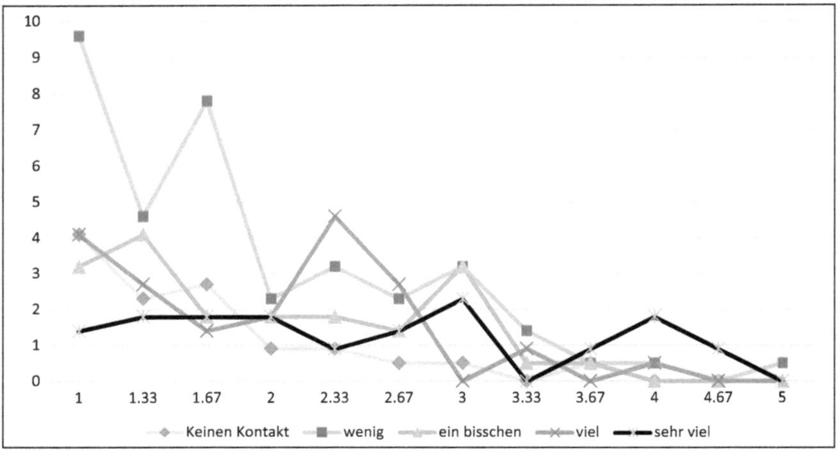

X-Achse= negative emotionale Reaktion (1 = sehr gering, 5 = sehr hoch); Y-Achse= Kontakt in Prozent. Korrelationsmaße: Pearson-R = .254***; Spearman = .235***.

Abb. 37 *Kontaktfrequenz und negative Emotionen in Prozent*

6.2.5 Auswertung des Manipulationschecks

Der Manipulationscheck besteht aus zwei Frageitems, die nach der Emotionsmessung gestellt und auf einer 5- beziehungsweise 4-Stufigen Skala gemessen werden (siehe 5.4.4). Auf die Frage; *Wie hat Ihnen der Artikel stilistisch gefallen?* überwiegen die positiven Einschätzungen. 41.3 Prozent wählten die Kategorie „Weder noch" (siehe nachfolgende Tabelle).

Tab. 9 *Manipulationscheck: Stil des Artikels*

	Häufigkeit	Prozent
Sehr gut	9	4
Eher gut	69	30.7
Weder noch	93	41.3
Eher Schlecht	48	21.3
Sehr schlecht	6	2.7
N	225	

Die Frage nach der Authentizität; *Wie authentisch haben Sie den Artikel als Beitrag eines Qualitätsmediums empfunden?* beantworteten zirka 59 Prozent der Proband*innen mit „authentisch" beziehungsweise „sehr authentisch". Lediglich sechs Prozent schätzten den Stimulus-Artikel als „sehr unrealistisch" ein.

Tab. 10 *Manipulationscheck: Authentizität des Artikels*

	Häufigkeit	Prozent
Sehr Authentisch	13	5.8
Authentisch	119	52.9
Weniger Authentisch	80	35.6
Sehr unrealistisch	13	5.8
N	225	

Zusammenfassend lässt sich konstatieren, dass der Beitrag ambivalent aufgenommen wurde, was zum Teil auch im offenen Kommentarfeld vermerkt wurde. Dies kann reflexiv betrachtet der starken Einkürzung des Original *Der Standard* Artikels geschuldet, was wiederum eine „Sprunghaftigkeit" im Artikel zur Folge hatte.

Die anschließende Vorstellung der Reliabilitätsuntersuchung und des Mittelwertvergleiches werden verdeutlichen, dass allerdings die Manipulation im Sinne des Experimentes erfolgreich war.

Im anschließenden Kapitel werden zunächst die statistischen Bedingungen erläutert, die eine weiterführende Analyse voraussetzten, um dann die Mittelwertanalyse der Versuchsgruppen vorzustellen.

6.3 Mittelwertanalyse der Experimentalgruppen

Für die Analysen wurde zunächst aus den vier positiven und den drei negativen Emotionsitems jeweils eine Indexvariable als abhängige Variable (AV) gebildet. Hierfür wurde vorangehend ein Reliabilitätstest nach Cronbachs Alpha durchgeführt. Für die positiven Emotionen ergab sich dabei ein Wert von 0.838 und für die negativen ein Cronbachs Alpha von 0.726. Eine ergänzende Reliabilitätsmessung der Emotionsvariablen, die die Inter-item-Reliabilität unter der Bedingung herstellt, wenn ein Item weggelassen wird, bestätigt die Reliabilität (siehe nachfolgende Tabellen 11 und 12).

Tab. 11 *Item Skala: Positive Emotionen*

Emotion	Skalenmittelwert	Skalenvarianz	Korrigierte Item-Skala-Korrelation	Cronbachs Alpha
Zufriedenheit	7.41	7.538	.659	.801
Mitgefühl	7.07	7.777	.553	.845
Begeisterung	7.80	7.301	.748	.765
Hoffnung	7.18	6.400	.741	.763

Tab. 12 *Item Skala: Negative Emotionen*

Emotion	Skalenmittelwert	Skalenvarianz	Korrigierte Item-Skala-Korrelation	Cronbachs Alpha
Ärger	3.80	3.146	.605	.568
Angst	4.29	4.253	.543	.656
Traurigkeit	3.79	3.722	.515	.678

Anschließend wurden die erhobenen Fälle auf Normalverteilung getestet. Die Emotionsindexvariablen für positive und negative Emotionen wurden für eine Reihe sozialdemographisch relevanter Eigenschaften wie Geschlecht, Alter und Einkommen mit dem Shapiro-Wilk und den Kolmogorov-Smirnov Test überprüft (siehe Anhang). Demnach ist die erhobene Population weitestgehend signifikant und weiterführende Analysebedingungen sind erfüllt.

Der Mittelwertvergleich zwischen den Versuchsgruppen (VG) verdeutlicht zunächst, dass die Proband*innen den Artikel stärker emotional positiv wahrnahmen als emotional negativ. Auffallend sind die verhältnismäßig geringen Unterschiede zwischen den VGs. Emotional stärker reagierten die Personen beim Stimulus-Bild, welches einen jungen, vermeintlichen Flüchtling in Arbeitskleidung zeigt. Stark überdurchschnittlich emotional positiv reagierten die Teilnehmenden auf den Stimulus des AMS-Logos. Überdurchschnittlich positiv wurde ebenfalls der Stimulus des „Politikers“ empfunden. Der Stimulus des Kopftuchs wurde weniger positiv und stärker negativ bewertet. Allgemein brachte das Stimulus-Bild des Kopftuches die meisten negativen Emotionen hervor.

Ein F-Test zwischen allen Gruppen zeigt, ob die Varianzen zwischen den Gruppen gleich sind, oder ob die emotionalen Bewertungen zwischen den

Tab. 13 *Mittelwertvergleich der Versuchsgruppen*

Versuchsgruppe		**Positiv**	**Negativ**
Politiker*	Mittelwert	2.60	1.81
	n	36	36
	SD	.911	.754
AMS	Mittelwert	2.78	1.91
	n	35	35
	SD	.846	.818
Flüchtling	Mittelwert	2.56	2.01
	n	37	37
	SD	.974	1.07
Grafik	Mittelwert	2.28	2.02
	n	40	40
	SD	.945	.952
Kopftuch	Mittelwert	2.28	2.11
	n	44	44
	SD	.702	.931
Kontrollgruppe	Mittelwert	2.28	1.98
	n	33	33
	SD	.775	.865
Insgesamt	Mittelwert	2.46	1.98
	n	225	225
	SD	. 874	.903

Gruppen sich unterscheiden. Die folgende Übersicht der Teststatistiken soll die Gruppenunterschiede verdeutlichen und aufzeigen, welche gruppenbezogenen Emotionsunterschiede bestehen. Hier zeigen sich lediglich bei drei Gruppen, und auch nur bei der jeweiligen positiven emotionalen Reaktion, Varianzunterschiede. In zwei von den drei Gruppen ist es das Stimulusbild des Kopftuches, in einem Fall ist es das AMS-Logo und die Grafik.

Darauf aufbauend soll ein explorativer Blick zeigen, welche Einflussfaktoren diese emotionalen Reaktionsunterschiede verursachen. Hierfür soll ein lineares Regressionsmodell für die fünf Versuchsgruppen sowie der Kontrollgruppe erstellt werden. Im folgenden Unterkapitel werden hierfür die eingeschlossenen abhängigen, wie auch unabhängigen Variablen vorgestellt, welche schrittweise in die jeweilige Regression für die Experimentalgruppen mit aufgenommen werden.

Tab. 14 *Übersicht: Levene-Test der Varianzgleichheit zwischen den VG*

Gruppenvergleich	Emotion	F	Sign.	T	Sign. (2.-seitig)
Politiker/ AMS	positiv	.98	.326	69	.406
	negativ	.016	.901	69	.406
Politiker/ Flüchtling	positiv	.004	.949	.196	.845
	negativ	3.138	.081	-.893	.375
Politiker/ Grafik	positiv	.194	.661	1.542	.127
	negativ	1.366	.246	-1.017	.312
Politiker/ Kopftuch	positiv	5.18	.026	1.775	.08
	negativ	1.435	.235	-1.514	.134
AMS/ Flüchtling	positiv	.913	.343	1.01	.316
	negativ	2.858	.095	-.420	.676
AMS/ Grafik	positiv	2.07	.154	2.416	.018
	negativ	1.313	.256	-.496	.621
AMS/ Kopftuch	positiv	1.084	.301	2.839	.006
	negativ	1.384	.243	-.959	.341
Flüchtling/ Grafik	positiv	.108	.744	1.306	.195
	negativ	.436	.511	-.033	.974
Flüchtling/ Kopftuch	positiv	4.445	.038	1.482	.142
	negativ	.524	.471	-.436	.664
Grafik/ Kopftuch	Positiv	8.1	.006	-.05	.96
	Negativ	0.01	.975	-.435	.665

6.4 Multivariate Analysen: Lineare Regression

6.4.1 Einfluss auf die Emotionen

Die **Abhängige(n) Variable(n)** sind indexierte Emotionsvariablen, die jeweils die vier positiven Emotionen (*Zufriedenheit, Mitgefühl, Begeisterung und Hoffnung*) und die drei negativen Emotionen (*Ärger, Angst, Traurigkeit*) zu zwei neuen Indexvariablen zusammenfassen. Diese geben auf einer Skala von 1 (sehr gering) bis 5 (sehr stark) die Intensität der emotionalen Reaktion auf den jeweiligen Stimulus wieder.

Die **Unabhängigen Variablen** bestehen aus einer Liste soziodemographischer und Einstellungsvariablen zu Werten, Politik und Integration sowie Angaben zum Kontakt mit Flüchtlingen (siehe vergleichend 5.4.3). Die folgenden Ausführungen haben ausschließlich das Ziel, Recodierungen für die multivariaten Analysen zu explizieren.

Soziodemographie: Das Item **Geschlecht** aus dem Fragebogen wurde neu ausgerichtet, sodass weibliche Personen als Referenzkategorie zu männlichen mit 0 und 1 codiert sind. Personen die angegeben haben, weder männlich noch weiblich zu sein, wurden nicht berücksichtigt und auf Grund einer forschungspragmatischen Analyse im Zuge der Datensatzbereinigung entfernt. Die Variable **Alter** wurde unverändert mit in das Modell aufgenommen. Da das Antwortniveau dem einer Quasiskala entspricht, lassen sich in der linearen Regression geeignete Aussagen ableiten. Die **Staatsbürger*innenschaft** wurde aufgrund zu geringer „anderer" Nennungen auf drei Gruppen reduziert, sodass als Referenzkategorie die der „Deutschen" und der „Anderen" angeführt wurden. Der **Migrationshintergrund** wurde wie folgt umcodiert; (0 = kein Migrationshintergrund; 1 = eigene Staatsbürgerschaft oder Geburtsland im Ausland, oder jenes mindestens eines Elternteils) (vgl. Verwiebe et al. 2018b: 185).

Die Variable **Bildung** wurde recodiert und enthält für die Regressionsanalyse folgende Ausprägungen; (1 = kein Abschluss oder Pflichtschule; 2 = Lehrausbildung oder berufsbildende mittlere Schule; 3 = höhere allgemein oder berufsbildende Schule; 4 = Universitäts- oder Fachhochschulabschluss) (vgl. Verwiebe et al. 2018b: 185). Die **Art der Berufstätigkeit** wurde auf fünf Kategorien recodiert, sodass die Gruppe der angestellten Personen (*Angestellt*) die Referenzkategorie bilden. In die Regression wurden zu dem die Gruppen der *Selbstständigen*, der in *Ausbildung* (Schüler*innen; In Ausbildung; Student*innen), der *Arbeitssuchenden* und *Anderer* (umfasst „In Pension" und „Verbeamtet") mit aufgenommen. Die **Art der Erwerbstätigkeit** wurde recodiert und umfasst neben der Referenzkategorie *unbefristet Vollzeitbeschäftigt* (NAV) die Regressionsvariablen *Teilzeit unbefristet*, atypische sonstige Erwerbsformen (*atyp. Sonstige*) und andere Erwerbsformen (*Andere*), wie der fallweisen Beschäftigung und Personen die angegeben haben, nichts von alldem zu sein. Die Variable **Einkommen** wurde unverändert übernommen; je höher der Wert, desto höher das angegebene Einkommen.

Die vier-stufig gemessenen **Wert**-Variablen werden unverändert in das Modell übernommen. Je höher der angegebene Wert, desto höher die Identifikation mit der jeweiligen Wert-Variable. Das Item **politische Selbstverortung** bleibt ebenfalls unverändert. Umso höher der angegebene Wert des Items ist, desto „rechter" ist eine Person in Referenz zum 0-Wert „Links". Die Variablen zu den **Integrationseinstellungen** wurden unverändert in das Modell übernommen. Umso höher die Variablenausprägung ist, desto höher ist die Zustimmung zur Integration. Hinsichtlich der Kontakthäufigkeit wurde die Variable recodiert, sodass mit steigendem angegebenem Wert auch die Kontakthäufigkeit steigt. Die Art des Kontaktes wurde auf vier Items recodiert, sodass neben gar keinen Kontakt, Öffentlich, Ehrenamtlich das Item Privat setzt sich aus den Items „Privat/Freundschaftlich", „Im Verein" und „Im Sprachtandem" zusammensetzt.

Die folgende Aufbereitung (Tabelle 15) stellt die Ergebnisse der linearen Regression für die einzelnen Gruppen vor. Eine weitere Regression (Tabelle 16), die nicht zwischen den Gruppen unterscheidet, sondern alle Fälle mit einbezieht, soll allgemeine forschungs- und stichprobenbezogene Effekte verdeutlichen.

Tab. 15 *Regression Einfluss auf Emotionen nach Versuchsgruppen*

	VG 1 „Politiker“		**VG 2 „AMS“**		**VG 3 „Flüchtling“**	
Emotionen	Positiv	Negativ	Positiv	Negativ	Positiv	Negativ
Geschlecht[1]	0.424	-.107	-.419	-.016	-.308	-.042
Alter	-0.09	.027	.070	-.081	-.015	-.100
Deutschland[2]	1.594	.031	.283	-.671	.500	.589
Eltern: Österreich[3]	-2.88***	.500	.833	.222	.167	-.444
Eltern: Europa[3]	-1.29	.573	1.019	-.298	.172	-1.08
Eltern: Andere[3]	-2.41	1.74	.333	.444	-.828	.250
AHS[4]	.210	-.020	-.084	-.699	.637	.115
BMS/HTL/HAK[4]	-.707	-.187	.353	-.866*	.762	-.413
Andere[4]	.897	-.187	-.209	-.199	.790*	.254
Arbeitssuchend[5]	-.969	1.806*	.787	.147	1.56	-1.08
Teilzeit Unbefristet[6]	.227	.172	.621	.062	.786	.616
Einkommen	-.143	-.026	-.064	.110	-.148	.106
Wert: Sicherheit	-.345	.356	.121	.063	.040	-.096
Wert: Wohlwollen	.709***	-.020	-.007	.269	.271	.032
Wert: Konformität	-.066	.017	-.004	-.217	.181	.005
Wert: Universalismus	-.041	.282	.211	.505*	.403	-.181
Wert: Tradition	-.039	-.183	-.412*	.322*	-.100	.762***
Pol. Selbstverortung	-.017	.003	-.014*	-.004	-.023**	.009
Integration 1	.204	-.093	.447**	-.184	.142	.089
Integration 2	.225	-.156	.089	-.384	.247	-.578**
Integration 3	.122	.102	.136	.265	.204	.074
Kontakt-Frequenz	-.49***	.072	-.08	.224	-.198	.189
Privat[7]	-.436	1.410	-1.23	1.613	.024	1.417
Ehrenamt[7]	.418	-.140	.59	.177	.722	-.071
Öffentlich[7]	.115	.072	-.48	-.028	-.053	.039
Keinen Kontakt[7]	-.686	-.146	-.79	.154	-.246	-.288
R^2	.017	.008	.08	0.45	.025	.059
N	36		35		37	

Signifikanzniveaus: * ≤ 5%; ** ≤ 1 %; *** ≤ 0.1 %; **Referenzkategorien**: 1: Geschlecht = Frauen; 2: Staatsbürger*innenschaft = **Österreich**; 3: Herkunft der Eltern; 4 = Formaler höchster Bildungsabschluss = Universität/FH; 5: Art der Beschäftigung = **Angestellt**: 6: Arbeitsverhältnis = **Unbefristetes**; 7: Art des Kontakts = **Beruflich**.

Fortsetzung: *Regression Einfluss auf Emotionen nach Versuchsgruppen*

	VG 4 „Grafik“		VG 5 „Kopftuch“		Kontrollgruppe	
Emotionen	Positiv	Negativ	Positiv	Negativ	Positiv	Negativ
Geschlecht[1]	-.622*	-.332	-.165	.006	-.332	-.165
Alter	-.093	-.111	.033	-.020	-.111	.033
Deutschland[2]	.715	.352	-.184	.222	.233	-.556
Eltern: Österreich[3]	-.621	-.414	.459	-.694	-.500	1.556
Eltern: Europa[3]	-.155	-.520	.542	-.366	-.223	1.012
Eltern: Andere[3]	-.542	.055	.502	-.060	1.277	.345
AHS[4]	.170	-.231	.023	.152	-.326	-.101
BMS/HTL/HAK[4]	-.788	.214	.098	.244	-.389	.399
Andere[4]	-.263	.836	-.193	-.048	.074	1.099**
Arbeitssuchend[5]	-1.19	3.086***	-1.02*	2.313***	-.434	-.035
Teilzeit Unbefr.[6]	1.029*	-.503	.742*	.235	-.090	.463
Einkommen	-.216*	.014	-.011	-096	-.265*	.057
Wert: Sicherheit	.242	.026	-.284	.086	-.002	-.256
Wert: Wohlwollen	.509*	.229	.136	-.024	.076	.141
Wert: Konformität	.143	-.036	-.038	-.356	.290	.347
Wert: Universalismus	-.222	.005	-0.8	-.056	-.096	.004
Wert: Tradition	-.351*	.352	-.196	.239	-.394*	-.146
Pol. Selbstverortung	-.024**	.016*	-.009	.008	-.009	.004
Integration 1	.073	.268	.159	-.219	.061	-.209
Integration 2	-.090	-.486*	.100	-.348	-.403	.048
Integration 3	.393	-.357	.180	.134	.507**	.126
Kontakt-Frequenz	-.247	.170	-.073	.359	-.015	.274*
Privat[7]	.918	.001	–	–	–	–
Ehrenamt[7]	.545	-.316	-.204	.306	.015	-.249
Öffentlich[7]	-.410	.590	.288	.328	-.137	-.414
Keinen Kontakt	-.157	.182	-.185	.759	.264	.609
R^2	.163	.445	.046	.003	.165	.012
N	40		44		33	

Signifikanzniveaus: * ≤ 5%; ** ≤ 1 %; *** ≤ 0.1 %; **Referenzkategorien:** 1: Geschlecht = Frauen; 2: Staatsbürger*innenschaft = **Österreich**; 3: Herkunft der Eltern; 4 = Formaler höchster Bildungsabschluss = Universität/FH; 5: Art der Beschäftigung = **Angestellt:** 6: Arbeitsverhältnis = **Unbefristetes**; 7: Art des Kontakts = **Beruflich**.

Tab. 16 *Regression für die gesamte Untersuchungspopulation*

Emotionen	**Positiv**	**Negativ**
Konstante	2.774***	2.047***
Geschlecht[1]	-.292*	.124
Alter	-.033	-.022
Staatsbürger*innenschaft: Deutschland[2]	.425*	-.016
Staatsbürger*innenschaft: Andere[2]	-.484	.194
Herkunft Eltern: Österreich[3]	-.141	-.151
Herkunft Eltern: Europa[3]	.158	-.302
Herkunft Eltern: Andere[3]	.016	.299
Bildung: AHS[4]	.169	-.086
Bildung: BMS/HTL/HAK[4]	-.159	-.002
Beruf: Arbeitssuchend[5]	-.161	1.092***
Unbefristet Teilzeit[6]	.529***	.170
Atyp. Beschäftigung (Andere)[6]	.196	.011
Einkommen	-.131**	.028
Wert: Sicherheit	.009	.091
Wert: Wohlwollen	.313***	.109
Wert: Konformität	.064	-.060
Wert: Universalismus	.059	-.041
Wert: Tradition	-.287***	.264***
Pol. Selbstverortung	-.016***	.007*
Integration 1	.189**	-.130*
Integration 2	.046	-.297***
Integration 3	.243***	.082
Kontakt-Frequenz	-.103*	.176***
Kontakt: Privat[7]	.056	1.107*
Kontakt: Ehrenamt[7]	.222	-.015
Kontakt: Öffentlich[7]	-.133	.237
Kontakt: Keinen[7]	-.465*	.147
R^2	.037	.008

Signifikanzniveaus: * ≤ 5%; ** ≤ 1 %; *** ≤ 0.1 %; **Referenzkategorien:** 1: Geschlecht = Frauen; 2: Staatsbürger*innenschaft = **Österreich**; 3: Herkunft der Eltern; 4 = Formaler höchster Bildungsabschluss = Universität/FH; 5: Art der Beschäftigung = **Angestellt:** 6: Arbeitsverhältnis = **Unbefristetes**; 7: Art des Kontakts = **Beruflich.**

Die Regressionsmodelle bestätigen viele Erkenntnisse vorrangegangener Studien zu der Thematik. Beginnend mit den soziodemographischen Einflussfaktoren zeigt sich, dass männliche Personen emotional negativer auf die Thematik reagieren als es weibliche Personen tun. Deutsche Staatsangehörige reagieren emotional positiver als Österreicher*innen und die Migrationsgeschichte der Eltern hat in diesem Modell keinen signifikanten Einfluss, weder für die positiven noch für die negativen Emotionen. Der Bildungshintergrund hat ebenfalls keinen signifikanten Einfluss auf die Emotionsbildung. Für die Art der Erwerbstätigkeit sowie für den Erwerbsstatus zeigt sich, dass arbeitsuchende Personen stärker negativ auf den Stimuli reagieren als die Referenzgruppen. Hinsichtlich der Wertetypen sind es vor allem Personen, für die das *Wohlwollen* und die *Tradition* wichtige Wertideale darstellen. Traditionalist*innen reagieren deutlich negativer auf die Thematik der Arbeitsmarktintegration von Geflüchteten und die Stimuli sowie reagieren zudem weniger positiv. Je wichtiger der Wert Wohlwollen für eine Person ist, desto emotional positiver reagieren diese auf die Stimuli. Bezüglich der politischen Selbstverortung ist hervorzuheben, dass je „rechter" eine Person sich eingestuft hat, desto emotional negativer und weniger positiv bewertet diese die Stimuli. Selbiges gilt für beschriebene Integrationsmaßnahmen. Umso positiver diese von den Personen bewertet wurden, desto positiver reagierten diese auf die Stimuli. Je negativer eine Person die Stimuli bewertete, desto negativer schätzte diese vor allem die Integrationsmaßnahmen von kleineren und mittleren Unternehmen ein. Überraschend zeigt sich in dem Modell, dass umso mehr Kontakt eine Person mit Flüchtlingen angibt zu haben, desto negativer und weniger positiv reagiert diese auf den Stimulus. Da besonders dieser signifikante Befund des Modells sehr interessant ist, soll sich im Folgenden diesem Zusammenhang weiterführend angenähert werden, um den Einfluss auf die Integrationseinstellungen der Proband*innen zu explizieren.

6.4.2 Einfluss auf die Integrationszustimmung

Hierfür wurden die drei Variablen zur Einstellungsmessung zum Thema Integration von Flüchtlingen auf den österreichischen Arbeitsmarkt, analog zur Emotionsindex-Bildung, zu dem Index „Integrationsbejahung" zusammengefasst. Umso höher der Index ist, desto höher ist die positive Einstellung gegenüber der Flüchtlingsintegration auf dem österreichischen Arbeitsmarkt. Die nachfolgende Abbildung visualisiert die absoluten kumulierten Häufigkeiten (y) auf dem Index (Wert 1 (keine Zustimmung) bis Wert 5 (sehr hohe Zustimmung)).

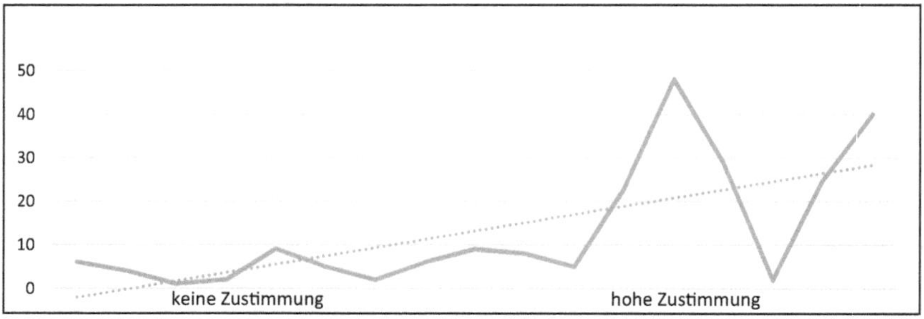

Abb. 38 *Index zur Integrationszustimmung (in absoluten Zahlen)*

In Zusammenhang mit der angegebenen Kontakthäufigkeit ergibt sich für die Allport'sche Kontakthypothese kein korrelativer Zusammenhang nach Pearson (-0.256) und Spearman (-0.148). Visualisiert zeigt sich, dass Personen, die angegeben haben nicht mit Flüchtlingen im Kontakt zu stehen, Integration auf dem Arbeitsmarkt stärker ablehnen, als Personen, die angegeben haben mehr Kontakt zu haben. Allerdings finden sich in allen fünf Kontaktgruppen Personen, die Integration stark ablehnen und stark zustimmen. Am häufigsten gaben alle Personengruppen an, mit Ausnahme der Personen die keinen Kontakt haben, dass sie Integrationsmaßnahmen zustimmen. Demnach kann mit den erhobenen Daten die Kontakthypothese nach Allport nicht bestätigt werden.

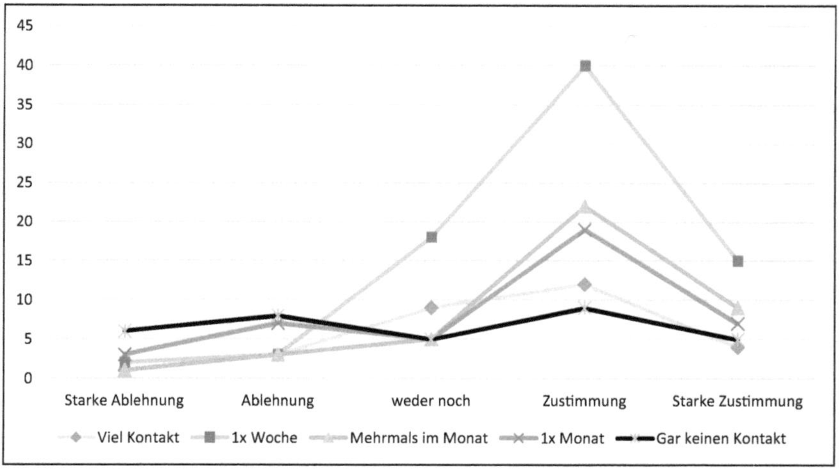

Abb. 39 *Zusammenhang Integrationszustimmung und Kontakthäufigkeit*

In Bezug auf diesen konstatierten Befund, der durchaus stichprobenbedingt sein kann, gilt es zu ermitteln, welche Einflussfaktoren auf die Bewertung von Integrationszustimmung und Ablehnung wirken. Da die vorangegangene Analyse in 6.4.1 gezeigt hat, dass die Einstellungen zur Integration einen signifikanten Einfluss auf die emotionalen Reaktionen haben, werden mit einer weiteren linearen Regression Einflussfaktoren für diese Einstellungen ermittelt. Für dieses Vorhaben wurden die gleichen Variablen wie für die Analyse zur Emotionsmessung miteingeschlossen (siehe nachfolgende Tabelle 17).

Tab. 17 *Regression: Einfluss auf Einstellungen zur Integration*

Geschlecht (Ref. weiblich)	-.264*
Alter	-.017
Staatsbürger*innenschaft: Deutschland[1]	-.055
Staatsbürger*innenschaft: Andere[1]	-.357
Herkunft Eltern: Österreich	-.225
Herkunft Eltern: EU	.239
Herkunft Eltern: Nicht-EU	.431
Bildung: AHS[2]	-.084
Bildung: BMS HTL HAK[2]	-.019
Bildung: Anderer Abschluss[2]	-.147
Politische Selbstverortung	-.022***
Einkommen	-.016
Beruf: Andere Beschäftigung[4]	-.276
Unbefristet Teilzeit Beschäftigt[5]	.432*
Atyp. Beschäftigungsart (Andere)[5]	.398*
Wert: Sicherheit	-.269**
Wert: Wohlwollen	.270**
Wert: Konformität	.014
Wert: Universalismus	.110
Wert: Tradition	-.406***
Kontakt-Frequenz	-.269***
Kontakt: Privat[6]	-.303
Kontakt: Ehrenamt[6]	.192
Kontakt: Öffentlich[6]	-.130
Kontakt: Keinen[6]	-.428
R^2	.272

Signifikanzniveaus: * ≤ 5%; ** ≤ 1 %; ** ≤ 0.1 %. 1: Staatsbürger*innenschaft (Ref. Österreich); 2: Migrationshintergrund der Eltern; 3: Bildung (Ref. Universität/FH); 4: Art der Beschäftigung (Ref. Angestellt); 5: Erwerbsverhältnis (Ref. Unbefristet Vollzeit); 6: Art des Kontakts (Ref. Beruflich).

Ähnlich wie im vorrangegangenen Modell bewerten männliche Personen Integration negativer als die weibliche Referenzgruppe. Bildungshintergrund und Staatsbürger*innenschaft, sowie Migrationshintergrund haben keinen signifikanten Einfluss auf die Zu- oder Ablehnung von Arbeitsmarktintegrationsmaßnahmen für Flüchtlinge. Als starke Einflussvariable ist auch hier die politische Selbstverortung zu benennen. Je politisch „rechter" eine Person ist, desto ablehnender steht diese den Aussagen zur Integration von Flüchtlingen gegenüber. In diesem Modell zeigt sich, dass Personen in atypischen Beschäftigungsverhältnissen eher zustimmend, in Referenz zu Personen in einem NAV, für Arbeitsmarktintegration sind. Die Werteideale Wohlwollen und Tradition sind auch in diesem Modell signifikante Einflussgrößen. Wert-traditionelle Personen lehnen Integration eher ab, wohingegen Personen Integration stärker zustimmen, umso wichtiger ihnen der Wert Wohlwollen ist. Hinsichtlich der Kontakthäufigkeit zeigt sich in diesem Modell, dass je mehr Kontakt eine Person angibt mit Flüchtlingen zu haben, umso weniger positiv bewertet diese Integrationsmaßnahmen.

6.5 Diskussion der Ergebnisse

6.5.1 Idealtypische visuelle Repräsentationen

Hinsichtlich der vorgestellten Frames wurden Hypothesen konstruiert, die verschiedene Effekte ins Zentrum rücken sollten, wie der, dass Fremdheit und der Frame Islam/Islamismus im Kontext der Arbeitsmigration negativer wahrgenommen werden (H3: *Bilder die „muslimische" Symbole zeigen, werden emotional negativer wahrgenommen, als andere Bildstimuli.*) Anhand der Mittelwertanalyse in Abschnitt 6.3 konnte gezeigt werden, dass der Stimulus des Kopftuches die stärksten negativen Emotionen und unterdurchschnittlich positive Emotionen unter den Proband*innen hervorgerufen hat. Daher kann die Hypothese H3 nicht abgelehnt werden. Dennoch ist zu betonen, dass die Effekte generell sehr gering sind.

Die Hypothese H4: *Personen reagieren im Kontext von Arbeitsmigration emotional stärker bei Tätigkeitsdarstellungen als bei grafischen Abbildungen oder einem Bild, dass mit einem vermeintlichen Politiker oder Experten illustriert ist,* kann nicht verworfen, aber auch nicht angenommen werden. Die Darstellung des vermeintlich arbeitenden Flüchtlings (VG 3) rief bei den Rezipient*innen eine stärkere positive Reaktion als bei der Darstellung der Grafik hervor, aber eine schwächere als bei der Gruppe VG1, die ein Bild von einem vermeintlichen Entscheidungsträger sahen. Bei den negativen Emotionen waren die Reaktionen stärker als bei der VG1 „Politiker" und knapp schwächer als bei der

VG4 „Grafik". Die Ursache hierfür könnte generell versuchsgruppenspezifisch und auf die zufällige soziodemographische Zusammensetzung zurückzuführen sein. Auch hier ist zu betonen, dass die Gruppenunterschiede zum Teil sehr gering ausfallen.

6.5.2 Emotionale Reaktionen

Allgemein lässt sich anhand der hier ermittelten Ergebnisse zunächst konstatieren, dass der Stimulus-Artikel im Allgemeinen eine eher geringe emotionale Reaktion bei den Proband*innen hervorrief. Bei den drei negativen Emotionen gaben zirka fünf Prozent an „stark" beziehungsweise „sehr stark" *Angst* zu empfinden. Jeweils 15 Prozent der befragten Personen gaben an *Ärger* und *Wut* „stark" beziehungsweise „sehr stark" zu empfinden. Deutlich anders verhält es sich mit den Angaben zu den positiven Emotionen. Demnach erweckte der Stimulus-Artikel bei 26 Prozent die Emotion *Hoffnung* und bei rund einem Viertel der am Experimentteilnehmenden *Mitgefühl. Zufriedenheit* und *Mitgefühl* wurden lediglich von elf beziehungsweise 5.7 Prozent der Proband*innen mit „stark" beziehungsweise „sehr stark" angegeben. Demnach kann die zweite Forschungsfrage; *Welche emotionalen Reaktionen werden durch die visuellen Repräsentationen von Geflüchteten im Kontext der Arbeitsmarktintegration in Österreich bei Medienrezipient*innen hervorgerufen?* wie folgt beantwortet werden; dass trotz eher schwacher emotionaler Reaktionen, die Personen in der Untersuchungspopulation eher positiv emotional auf den Stimulus reagierten.

6.5.3 Politische und gesellschaftliche Wertvorstellungen

Hinsichtlich der Forschungsfrage F3; *Inwiefern besteht ein korrelativer Zusammenhang zwischen politischen und gesellschaftlichen Werteeinstellungen und den hervorgerufenen Emotionen?* besteht ein starker Zusammenhang zwischen politischer Ideologie und emotionaler Reaktion. Umso „rechter" eine Person ist, desto negativer und weniger positiv reagiert diese auf den Stimulus. Dies zeigt sich in den Detailbetrachtungen im unmittelbaren Gruppenvergleich für alle VGs, mit Ausnahme der VG „Kopftuch". Demnach bewerten Personen, umso „rechter" sie sich verorten, den Beitrag weniger emotional positiv. Daher ist die H2: *Personen die sich selbst als politisch „links" verorten reagieren auf die Bilder mit positiveren Emotionen als Personen, die sich eher „rechts" sehen*, anzunehmen.

Personen, die sich selbst stärker mit dem fiktiven traditionellen Charakter identifizierten reagierten ebenfalls negativer auf den Stimulus. Hingegen reagierten Personen positiver auf den Stimulus, die sich stärker mit dem wohlwollenden fiktiven Charakter identifizierten. Abgesehen von vereinzelten

Effekten beim Wert Universalismus in der VG „AMS“ und der Kontrollgruppe, die zeigen, dass Personen denen der Wert Universalismus wichtig ist und dabei negativ auf den Stimulus reagierten, konnten keine Signifikanz hinsichtlich des Einflusses auf die emotionalen Reaktionen aufgezeigt werden. Hinsichtlich der Einstellungen zur Integration kann anhand der Daten gezeigt werden, dass je positiver die Integration von Geflüchteten auf den Arbeitsmarkt betrachtet wird, desto stärker waren auch die positiven emotionalen Reaktionen auf die Stimuli.

Die letzte konstruierte Hypothese nimmt Bezug auf die angeregte Wertediskussion im Rahmen der Veröffentlichung der vergleichenden europäischen Wertestudie (EVS) (vgl. Werteforschung 2018). Da individuelle Werteinstellungen relevant für die Wahrnehmung der autochthonen Bevölkerung hinsichtlich der rezenten Fluchtintegration sind (vgl. Fritsch et al. 2018), sollte untersucht werden, welchen Einfluss die Werte der befragten Personen auf die Emotionen haben. H8 lautet demnach; *Je universaler eine Person eingestellt ist und umso weniger traditionell, desto positiver wird die Person auf die Bildstimuli reagieren.* Da dem Wert Universalismus keinen signifikanten Einfluss auf die emotionale Reaktion nachgewiesen werden kann, ist die Hypothese anhand der erhobenen Daten zum Teil abzulehnen. Hingegen kann der zweite Teil der Hypothese bestätigt werden. Personen, für die *Tradition* ein weniger wichtiger Wert darstellt, reagierten deutlich positiver auf die Stimuli. Des Weiteren kann mit den Daten nachgewiesen werden, dass es eine positive Korrelation zwischen dem Wert *Wohlwollen* und der positiven emotionalen Bewertung gibt. Die anderen Werttypen weisen keine signifikanten Korrelationen auf.

6.5.4 Kontakthäufigkeit

Bei der Beantwortung der Forschungsfrage F4; *Inwiefern hat die Kontakthäufigkeit mit geflüchteten Personen einen Einfluss auf die Bewertung der Bilder und die emotionalen Reaktionen bei der Rezeption?* zeigt sich ein schwacher negativer Zusammenhang. Je mehr Kontakt die Personen mit Geflüchteten haben, desto negativer bewerteten diese die Stimuli. Im Intergruppen-Vergleich lässt sich dieser Effekt nur für die VG „Politiker“ und die Kontrollgruppe auf einem signifikanten Niveau aufzeigen, wohingegen in der weiterführenden Analyse dieser Befund für die Integrationseinstellungen ebenfalls bestätigt werden kann. Demnach führt eine höhere Kontakthäufigkeit zu negativeren beziehungsweise weniger positiven emotionalen Effekten. Dieser Befund kann zu einem gewissen Grad gängigen Forschungen zum Thema Kontakthäufigkeit und Vorurteilen widersprechen. Zudem überrascht dieser signifikante Befund, da sich die Untersuchungspopulation aus einem überwiegend sich selbst als „linksorientierten“

Personenpool zusammensetzt. Ebenfalls überraschend ist, dass Personen die angegeben haben privaten oder freundschaftlichen Kontakt zu pflegen, den Stimulus eher negativ bewerteten. Für andere Kontaktformen liegen keine signifikanten Ergebnisse vor.

Die Gründe hierfür können beispielsweise in dem Begriffsverständnis des Konzeptes *Kontakt* liegen, da die Art des Kontaktes unmittelbar nach der Kontakthäufigkeit auf derselben Seite des Surveys abgefragt wurde. Zudem kann die negative und schwach positive Bewertung auch eine Reaktion auf die Qualität beziehungsweise den Inhalt des Artikels darstellen. Da über 41 Prozent den Artikel als „weder gut noch schlecht", 24 Prozent ihn als „eher schlecht" bis „sehr schlecht" bewerteten und ebenfalls über 40 Prozent den Artikel als „weniger authentisch" bis „sehr unrealistisch" einschätzen, können die weniger starken emotionale Reaktion sich auch auf den Artikel an sich richten. Dies zeigt sich unter anderem bei der VG „Politiker". Daher können die negativen Emotionen sich auch gegen die hegemoniale Repräsentation durch weiße anzugtragende Männer richten. Diese Vermutung erhärtet sich mit einem Blick auf den Vergleich der Mittelwerte. Demnach gibt es, bis auf Einzeleffekte, kaum auffällige emotionale Unterschiede zu den Versuchsgruppen (siehe Abschnitt 6.3). Eine Detailbetrachtung zwischen den positiven und negativen Emotionen und den Manipulationscheck verdeutlicht den generellen Trend, dass die Proband*innen eher weniger stark emotional auf den Stimulus reagierten (siehe Anhang Abbildungen 40 bis 43). Da eine Mehrheit der Proband*innen den Artikel für eher authentisch beziehungsweise sehr authentisch bewertet haben, lässt sich hier konstatieren, dass umso authentischer eine Person den Artikel empfunden hat, umso weniger negativ, aber auch weniger positiv hat diese den Stimulus bewertet.

Da der Stimulus-Artikel eine Vielzahl von positiven, wie auch negativen Aspekten der Arbeitsmarktintegration von Flüchtlingen zum Thema hat, ist ein Rückschluss auf den inhaltlichen Bias und die damit zusammenhängenden Frames auf die emotionale Reaktion der Proband*innen nicht möglich. Demnach können Personen, die der Arbeitsmarktintegration von Flüchtlingen wohlwollend gegenüberstehen, emotional negativ auf den Artikel reagiert haben, da dieser Restriktionen für Geflüchtete thematisiert. Dasselbe gilt aber auch für Personen die hinsichtlich der Integration eine ablehnende Haltung einnehmen, da die ökonomischen Implikationen, wie Kosten und gesellschaftliche wie soziopolitische Herausforderungen, wie Schulungen und andere Integrationsmaßnahmen hervorgehoben werden, den Artikel und nicht das behandelte Thema bewertet haben. Daher ist der Befund mit Vorsicht zu betrachten, da der Einfluss dritter Einflussfaktoren nicht auszuschließen ist (siehe oben).

Dennoch lässt sich anhand der Ergebnisse die Hypothese H1: *Je weniger Kontakt die Person mit Geflüchteten pflegt, desto emotional stärker werden die Bilder bewertet*, beantworten. Demnach gibt es einen signifikanten korrelativen (aber nicht nachgewiesenen kausalen) Zusammenhang, sowohl für die positiven, wie auch für die negativen Emotionen. Je mehr Kontakt eine Person mit Geflüchteten hat, umso emotional schwächer werden die Stimuli bewertet. Das bedeutet, dass die H1 anhand der Ergebnisse der Korrelationsanalyse aus 6.2.4 angenommen werden kann.

6.5.5 Demographische Effekte

Bezüglich der Forschungsfrage F5; *Welche Effekte haben demographische und persönliche Strukturmerkmale wie Geschlecht, Beruflicher Status, Bildung und Herkunft in der emotionalen Reaktion der Stimuli?* können gängige Studienergebnisse hinsichtlich des Geschlechts und dem Arbeitsmarktstatus signifikant bestätigt werden. Demnach reagieren männliche Personen weniger positiv auf die Stimuli. Im Versuchsgruppenvergleich lässt sich dieser Befund allerdings nur mit einem einfachen Signifikanzniveau für die VG „Grafik" bestätigen. Daher kann die H5: *Weibliche Personen reagieren weniger negativ auf die Bildstimuli als es männliche Personen tun*, nicht verworfen werden.

Arbeitssuchende Personen reagierten emotional negativer bei den Stimulus-Bildern der Grafik und des Kopftuches. Dieser Befund bestätigt einerseits Arbeitsmarktanalysen, ist aber andererseits im Kontext dieser Studie, auf Grund der geringen Anzahl an arbeitsuchenden Teilnehmer*innen, nur mit einer geringen Aussagenreichweite zu konstatieren. In der Regressionsanalyse für alle gesammelten Fälle zeigt sich zudem, dass in der Gruppe der atypisch Beschäftigten diejenigen die sich in einem unbefristeten Teilzeitverhältnis befinden signifikant positiver auf die Stimulus-Bilder reagierten. Dieser Befund bestätigt aktuelle soziologische Forschungsergebnisse, wie beispielsweise die Studienergebnisse von Verwiebe und Kolleg*innen (2018b). Die Analyse hat zudem gezeigt, dass je höher ein Einkommen ist, umso weniger positiv haben die Teilnehmer*innen die Stimulus-Bilder bewertetet. Für die negativen Emotionen gab es keine signifikanten Ergebnisse, allerdings zeigt sich ein gleichgerichteter Trend für die negative Emotionsbildung.

Das bedeutet, dass die H7: *Je niedriger das Einkommen einer Person ist, desto negativer werden die Stimuli wahrgenommen*, nicht angenommen werden kann. Der Zusammenhang Einkommen, Bildung und Berufstätigkeit und die Implikationen, dass je mehr Bildung eine Person hat, desto mehr ist die Person in einem gesicherten Arbeitsverhältnis und desto höher ist das Erwerbseinkommen und umso wohlwollender und liberaler ist eine Person hinsichtlich der Frage der Integration von Geflüchteten greift zu kurz.

Besonders im Kontext der rezenten Fluchtmigration seit dem Herbst 2015 verzeichnen Sozialwissenschaftler*innen eine starke Polarisierung in der Gesellschaft. Diverse Studien, wie jene Langzeitstudie des Bielefelder Soziologen Wilhelm Heitmeyer, die in dem Buch „Autoritäre Versuchungen" (2018) publiziert wurden, oder die Leipziger Untersuchungen um die Sozialstruktur der AfD und PEGIDA Anhänger*innenschaft um den Soziologen Holger Lengfeld (2018) verdeutlichen, dass die Fluchtmigration als ein Katalysator für ausländer*innenfeindliche Artikulationen und Handlungen angesehen werden kann. Die rechten Bewegungen konnten nach sozioökonomischen Betrachtungen Personen aus allen Einkommensschichten erreichen, da Flüchtlinge mit einer kulturellen und ökonomischen Bedrohung assoziiert werden (vgl. Lengfeld/Dilger 2018). Dieser Befund, der für die aktuellen Entwicklungen seit 2015 zu konstatieren ist, ist ebenfalls für den Fall Österreichs nachvollziehbar, wie es ein Blick in aktuelle Studien zeigt (siehe Abschnitt 1.5). Die Ergebnisse der Studie zeigen hier, dass Personen je mehr Einkommen sie zur Verfügung haben, weniger wohlwollend und stärker traditionell sind und dem Ankommen von „Fremden" in das Arbeitsmarktsystem weniger wohlwollend gegenüberstehen. Damit verbunden sind (subjektive) ökonomische Abstiegsängste (vgl. Tutic/von Hermanni 2018), Statusverunsicherungen im Kontext von globalisierter Entfremdungseffekte (vgl. Vorländer et al. 2017) und kulturelle Deprivation von sogenannten „Modernisierungsverlierer*innen" (vgl. Lux 2018).

Die Staatsbürger*innenschaft hat lediglich für die Gruppe der Deutschen einen signifikanten Einfluss. Diese reagieren in Referenz zu Österreicher*innen positiver auf die Stimuli. Was entweder an ihrer eigenen binneneuropäischen Migrationserfahrung liegen kann, oder eher Bildungseffekte bei dieser Gruppe abbildet. Der Migrationshintergrund, ermittelt durch die Abfrage der Herkunft der Eltern, wie auch der Bildungshintergrund der Person haben allgemein keine signifikanten Effekte auf die emotionale Bewertung, daher kann die H6: *Je höher der Bildungsabschluss einer Person ist, desto weniger negativ reagiert die Person auf die Bildstimuli*, mit den erhobenen Daten an dieser Stelle nicht bestätigt werden. Dies kann zum einen an die für quantitative Studien zu geringe Fallzahl an Personen mit Migrationsgeschichte liegen und zum anderen daran, dass deutsche Staatsbürger*innen überdurchschnittlich hoch den Wert eines solidarischen Europas vertreten (vgl. Europarl 2018). Zudem sind die Personen, die angegeben haben deutsche Staatsbürger*innen zu sein, überdurchschnittlich gebildet, was als Erklärung für den signifikanten Einfluss der Gruppe herangezogen werden kann.

VII FAZIT und REFLEXION

Ziel dieser Studie war es, die emotionalen Reaktionen von Mediennutzer*innen anhand des emotional aufgeladenen Themas der Arbeitsmarktintegration von Flüchtlingen zu ermitteln. Hierfür wurden in einem ersten Schritt wesentliche Schlüsselergebnisse der rezenten Fluchtmigration für die Integration in die österreichische Gesellschaft identifiziert, um auf Grundlage dieser Selektion eine Stichprobe aus einflussstarken österreichischen Verbreitungsmedien für diese Zeiträume zu ziehen und idealtypische visuelle Repräsentationen des Themas a) zu identifizieren und b) die visuellen Diskursverläufe mithilfe einer reduzierten und konfigurierten visuellen WDA (frei nach Reiner Keller) zu analysieren. Ziel war es neben der Identifikation der Idealbilder Medienframes zu extrahieren, welche in einer zweiten Forschungsphase auf ihre emotionalen Effektstärken bei Medienrezipient*innen getestet werden können. Mit den fünf Bildtypen des Politikers, des AMS-Logos, der Info-Grafik und dem Kopftuch wurden verschiedene Medienframes bedient, wie den der *Integration*, der *Expertise für Österreich*, *Islam(ismus) und „Die Anderen“*, *Versachlichung* und der *Kosten/Herausforderung* der Integration. Um die vier W-Fragen der Wirkungsforschung (vgl. 2.1) heranzuziehen, kann gesagt werden, dass erwartungsmäßig der Frame *Islamismus und „Die Anderen“* eine stärkere emotionale Reaktion (positiv und negativ) provoziert als beispielsweise der Frame der Expertise für Österreich. Wie allerdings in den Schlussbetrachtungen der Ergebnisse reflexiv angemerkt wurde, kann es sich hierbei nicht um mono-kausale Zusammenhänge, sondern eher um Felder komplexer Wechselwirkungen mit dem Stimulus-Material an sich handeln (vgl. Schweiger 2013: 27). Zudem wurde nur ein Medium (der journalistisch-lineare Artikel) isoliert betrachtet, während Einflüsse der gesamten Medienkonstellation nicht betrachtet wurden, was wiederum hinsichtlich der sozialisierenden Perspektive, welche andere Medien wie das Fernsehen oder Neue Medien darstellen sinnvoll wäre. In der Forschung ging es allerdings um die Suche nach „kleinen Effekten“ (Trepte 2013: 100), welche experimentallogisch erfasst wurden. Es konnte zudem gezeigt werden, auch dies stellt kein überraschendes Ergebnis dar, dass der stärkste Effekt in der politischen Selbstverortung zu finden ist. Dies bestätigt das Eingangszitat Aladin El-Mafaalanis, dass „unsere“ Gesellschaft gespalten ist und die sogenannte Flüchtlingsfrage ein Katalysator ist, der diese Polarisierung verstärkt.

Besonders die Inklusion ausgewählter Werte aus dem European Value Survey (EVS) konnte zeigen, dass die Polarisierungsgräben auch entlang von

Wertetypen – konkret dem Traditionstypus – verlaufen können. Dass demgegenüber Personen stehen, für die eher Wohlwollen entscheidend ist, zeigt sich in dem „Flüchtlings-Engagement“ von Millionen Europäer*innen im Zuge des Herbstes 2015 und den darauffolgenden Monaten und Jahren bis in die Gegenwart, die unter dem Schlagwort „Willkommenskultur“ oder „#wirsindmehr“ subsumierbar sind. Und dennoch bleibt, mit Fokus auf die Fragestellung des Medieneinflusses zu betonen, dass die Art des Framings, die Art der visuellen Darstellungen, Effekte auf die Wahrnehmung und die Emotionen der Medienrezipient*innen haben können. Diese Macht der Medien stellt eine „ex-post-Funktionalität“ der Medien dar und erscheint, wie der Medien- und Kommunikationswissenschaftler Alexander Gutzmer es betont, als „quasi naturgegeben, als Ausfluss einer natürlichen Funktionsweise von Gesellschaft(en)“ (ebd. 2018: 156). Allerdings ist es für diese Zuschreibung von Macht relevant, wie Beobachter*innen

> „die Wirkung der Medien auf Dritte einschätzen, zum Beispiel auf das Mitpublikum oder auf Politiker, da solche Wirkungsvermutungen („Third-Person-Effect“) als Image selbst wirksam sein können: Wer als machtvoll *gilt*, hat bereits Macht gewonnen, weil dies (nach dem „Thomas-Theorem“) das Handeln bestimmt.“ (Neuberger 2018: 39, Herv. im Orig.)

Auch dieser Befund des Medien- und Kommunikationswissenschaftlers Christoph Neuberger ist nicht neu. Zeigt es aber wieder von Neuem, welche Wirkungsmacht ein Medienframing haben kann und wie es Kontexte erst konstruiert. Ein neuer Befund, und hier wird sich der zweiten W-Frage der Medienwirkungsforschung angenähert – Wer ist betroffen von dem Framing? – sind vor allem Personen zu nennen, die angegeben haben, mehr Kontakt mit Geflüchteten zu haben. Sie reagierten deutlich emotionaler auf die Bildstimuli. Diesem Befund ist in Folgeuntersuchungen nachzugehen. Es ist dabei zu untersuchen, ob dieses Ergebnis repliziert werden kann, oder ob es sich um methodische oder stichprobenbezogene Eigenheiten handelt. Ebenfalls überraschend ist, dass Personen die mehr Geld zur Verfügung haben, negativer und weniger positiv auf das Stimulus-Material reagieren.

Allgemein ist reflexiv hervorzuheben, dass ein „echtes“ Experiment, mit einer prä- und post- Stimulus-Messung aussagekräftiger gewesen wäre, um die Effekte forschungsbezogen aussagekräftiger messen zu können. Daher können durchaus Framing-Effekte gemessen werden. Aber der Einfluss, wie stark eine Person – auch emotional – manipuliert wurde, ist nicht durch das vorgestellte Studiendesign ermittelbar. Rückwirkend ist es ebenfalls nicht zu eruieren, welche Implikationen der Stimulus auf zukünftiges Handeln haben könnte. Möglich wäre dies durch das Erfragen zum theoretischen Handeln einer Person oder zur Wahlmotivationen à la Sonntagsfrage.

Andererseits kann auf das ebenfalls problemeinleitend platzierte Zitat Armin Nassehis eingegangen werden. Denn es zeigt sich mit Hilfe der visuellen Diskursanalyse, welche wiederkehrenden Themen durch die Bilder vermittelt werden und welche (selektiven) Akteur*innen, wie beispielsweise Sebastian Kurz, den Bildanteil im Arbeitsmarktdiskurs um die Flüchtlingsintegration dominieren. Durch die WDA, welche als kurze Voranalyse angedacht war, konnte dabei gezeigt werden, wie sich das Bildnis der Arbeit in den linearen journalistischen Medien gestaltet – es ist dominiert durch Formen der Machtasymmetrie in Gestalt von Anzugtragenden weißen Männern. Expertise durch Anzugträger, die die Welt erklären und beeinflussen sowie scheinbare „objektive" Bildstatistiken dominieren den Diskurs und enthumanisieren ihn durch das Verdrängen von alternativen Bild-Narrativen oder subalternen Repräsentationen.

In gewisser Art spiegelt sich das in der Rezeption der Stimuli wieder, weil sich Rezipient*innen an das Etablierte (hier das Bild des erklärenden weißen Mannes in den Medien) gewönnen und dem Vertrauen schenken (vgl. Fleck 2010).

Die Wahl der Methoden ist demnach weitestgehend sinnvoll, da durch das Mixed Methods- Verfahren zwei wesentliche Aspekte der Issue Repräsentation von Flüchtlingen auf dem Arbeitsmarkt, welche nicht zwangsweise zusammen erhoben werden müssen, aber zusammen gedacht werden sollten, in zwei aufeinander aufbauenden Forschungsphasen erhoben wurden – die Art der Repräsentationen und das ihnen inhärente Wissen sowie die Wirkungen, die diese Wissensträger vermitteln (können). Durch die WDA konnten so Machtasymmetrien herausgearbeitet werden, welche die hegemonialen Strukturen des Diskurses definieren und zu einem *Othering* führen (vgl. Abschnitt 1.6). Alternativ wäre eine qualitative Inhaltsanalyse nach Philipp Mayring eine Möglichkeit den ersten Analyseschritt durchzuführen. Die Abgrenzungsmöglichkeiten für die Phase zwei wurden bereits weiter oben genannt – wie die Inklusion von einem *in-between* Messverfahren. Außerdem wäre es wünschenswert, weitere PANAS-Items sowie weitere Wert-Items nach Schwartz in das Erhebungsinstrument mit aufzunehmen. Eine größere Anzahl an Experimentalteilnehmer*innen wäre darüber hinaus sinnvoll, da teilweise die Gruppeneffekte durch die geringen Fallzahlen beeinträchtigt wurden.

Die Forschung konnte zudem zeigen, dass die sozialwissenschaftlichen Annahmen der Synchronisationsleistung von Medien, dem Münchener Soziologen Armin Nassehi folgend, darin bestehen würden, im Sinne der „gesellschaftlichen Leistung der Massenmedien einen Ort anzubieten", an dem „so etwas wie politische Überzeugungen repräsentiert werden können (und dadurch erst entstehen)" (Nassehi 2018b: 53). Das trifft im Sinne des Medienframings auf das behandelte Thema zu, wenn einerseits stereotype Darstellungen und andererseits elitäre Repräsentanten den Diskurs dominieren, wobei sowohl Konservatismen in Gestalt der männlich-erklärenden Expertise als auch das vermeintlich Andere gezeigt und konstruiert werden.

Medien vermitteln weniger Konsens, wie die Forschungsergebnisse zeigen, sie vermögen zu „trennen und [zu] verbinden, sie orientieren und verunsichern, melden und verschweigen, sie reden über alles und wählen doch aus, sie erzählen konsistente Geschichten über eine diskontinuierliche Welt." (ebd.: 56)

Das Buch wurde durch ein Armin Nassehi Zitat eröffnet und soll durch eines beendet werden: Obwohl es sich dabei sicher um einen Gemeinplatz für alle medienvermittelten Themen handelt, unterstreicht es dennoch die Problematik der Medienmacher*innen sowie der Gesellschaft (als Ganzes), besonders im Kontext der gesellschaftlichen Verantwortung, wie mit den Schutzbefohlenen umgegangen werden soll(te). Denn die Distanz, mit denen Journalist*innen zu ihrem Publikum stehen, zeigt sich in der Überhöhung der Ängste und Sorgen der „besorgten Bürger*innen" (vgl. Prinzing et al. 2018: 11), welche sich durch Framing bestimmten Themen ab- und zuwenden. Denn Medien „erzeugen kein einheitliches Bild der Welt, sondern das widersprüchliche Bild der Welt wird gerade durch die Variationsbreite möglicher Sätze in den Medien repräsentiert" (Nassehi 2018b: 57).

VIII LITERATUR- und QUELLENVERZEICHNIS

8.1 Verzeichnis der wissenschaftlichen Literatur

Allport, Gordon W. (1954): The Nature of prejudice. Cambridge (MA): Addison-Wesley Publishing Company.

Almstadt, Esther (2017): Flüchtlinge in den Printmedien. In: Ghaderi, Cinur/Eppenstein, Thomas (Hrsg.): Flüchtlinge. Multiperspektivische Zugänge. Wiesbaden: Springer VS, S. 185–201, DOI: 10.1007/978-3-658-15741-8_8.

Alpagu, Faime/Breckner, Roswitha (2018): Flucht und Migration im Bild, Bilder von Flucht und Migration. Vortrag am 16.01.2018 im Institut für Soziologie Wien, Online Ankündigung: https://www.soz.univie.ac.at/uploads/media/Vortrag_Faime_Alpagu_Roswitha_-Breckner (29.08.2019).

Althaus, Scott L. (2012): What's good and bad in political communication research? Normative standards for evaluating media and citizen performance. In: Semetko, Holli/Scamell, Margaret (Hrsg.): The SAGE handbook of political communication. Los Angeles: Sage, S. 97–112.

Altvatter, Alicia/Kaiser, Julius/Schilling, Alexander/Steentjes, Eva-Maria/Wollek, Maximilian/Hausecker, Nicole (2017): Einfluss von Persönlichkeit und Emotionen auf Bildmaterial zur Flüchtlingskrise. In: Frindte, Wolfgang/Dietrich, Nico (Hrsg.): Muslime, Flüchtlinge und Pegida. Sozialpsychologische und kommunikationswissenschaftliche Studien in Zeiten globaler Bedrohungen. Wiesbaden: Springer VS, S. 219–234, DOI: 10.1007/978-3-658-17603-7_8.

Arendt, Hannah (2007): Vita activa oder Vom tätigen Leben. 6. Aufl. München: Piper.

Arnold, Sina (2019): Der neue Antisemitismus der Anderen? Islam, Migration und Flucht. In: Heilbronn, Christian/Rabinovici/Sznaider, Natan (Hrsg.): Neuer Antisemitismus? Fortsetzung einer globalen Debatte. Frankfurt am Main: Suhrkamp, S. 128–158.

Bacher, Johann/Beham-Rabanser/Prandner, Dimitri (2018): Subjektiv erlebte Prägung der Werthaltung durch nahe Bezugspersonen. In: Bacher, Johannes/Grausgruber, Alfred/Haller, Max/Höllinger, Franz/Prandner, Dimitri/Verwiebe/Roland (Hrsg.): Sozialstruktur und Wertewandel in Österreich. Trends 1986 – 2016. Wiesbaden: Springer VS, S. 71–94.

Bachmann-Medick, Doris (2008): Gegen Worte – was heißt „Iconic/Visual Turn"? In: Gegenworte. Hefte für den Disput über Wissen, Themenheft: Visualisierung oder Vision? Bilder (in) der Wissenschaft, Jg. 20, S. 9–15.

Baumann, Gerd (2006): Grammars of Identity/Alterity: A Structural Approach. In: Baumann, Gerd/Gingrich, Andre (Hrsg.): Grammars of Identity/Alterity. A Structural Approach. New York: Berghahn, S. 17–50.

Beck-Gernsheim, Elisabeth (2007): Wir und die Anderen. Kopftuch, Zwangsheirat und andere Mißverständnisse. 2. Erw. Aufl. Frankfurt am Main: Suhrkamp.

Berry, Mike/Askanius, Tina/Linné, Tobias/Garcia-Blanco, Inaki (2015): Press Coverage of the Refugee and Migrant Crisis in the EU: A Content Analysis of Five European Countires. In: United Nations High Commission for Refugees (Hrsg.), online verfügbar unter: https://www.unhcr.org/56bb369c9.html (28.08.2019).

Binder, Susanne (2017): Sozialanthropologische Flüchtlingsforschung: Begriffsbestimmungen, Konzepte und theoretische Perspektiven. In: Binder, Susanne/Fartacek, Gebhard (Hrsg.): Facetten von Flucht aus dem Nahen und Mittleren Osten. Wien: Facultas, S. 124–149.

Bischoff, Christine (2016): Blickregime der Migration – Images und Imagination des Fremden in Schweizer Printmedien. Münster: Waxmann.

Blumler, Jay G./Cushion, Stephen (2014): Normative perspectives on journalism studies: Stocktaking and future directions. In: Journalism, Jg. 15/3, S. 259–272.

Bonfadelli, Heinz (2004): Medienwirkungsforschung I. Grundlagen. 3. Aufl. Konstanz: UTB.

Bonfadelli, Heinz (2015): Von der negativen Marginalisierung und Diskriminierung. In: Medien Journal, Jg. 39/4 Flucht, Migration und politische Kommunikation, S. 7–11.

Bohnsack, Ralf (2014): Unbewegte Bilder: Fotografien und Kunstgegenstände. In: Baur, Nina/Blasius, Jörg (Hrsg.): Handbuch Methoden der empirischen Sozialforschung. Wiesbaden: Springer, S. 867–873.

Boomgaarden, Hajo G./Boukes, Mark/Iorgoveanu, Aurora (2016): Image Versus Text: How Newspaper Reports Affect Evaluations of Political Candidates. In: International Journal of Communication, Jg. 10, S. 2529–2555.

Bos, Wilfried/Lankes, Eva-Maria/Prenzel, Manfred/Schwippert, Knut/Valtin, Renate/Walther, Gerd (2003): Erste Ergebnisse aus IGLU. Schülerleistungen am Ende der vierten Jahrgangsstufe im internationalen Vergleich. Münster: Waxmann. Zusammenfassung ausgewählter Ergebnisse, online verfügbar: https://www.kmk.org/fileadmin/pdf/PresseUndAktuelles/2003/iglu_kurzend.pdf (29.09.2019).

Bourdieu, Pierre (1983): Ökonomisches Kapital, kulturelles Kapital, soziales Kapital. In: Kreckel, Reinhard (Hrsg.): zur Theorie sozialer Ungleichheiten. Sonderband 2 der sozialen Welt. Göttingen: Schwarz, S. 183–198.

Braun, Christina von/Mathes, Bettina (2017): Verschleierte Wirklichkeit. Die Frau, der Islam und der Westen. Gießen: Psychosozial.

Buber-Ennser, Isabella/Kohlenberger, Judith/Rengs, Bernhard/Zalak, Zakarya Al/Goujon, Anne/Striessnig, Erich/Potancokova, Michaela/Gisser, Richard/testa, Maria R./Lutz, Wolfgang (2016): Humankapital, Werte und Einstellungen von Menschen, die 2015 in Österreich Zuflucht suchten. PLOS ONE, September 2016, online verfügbar unter: http://dx.plos.org/10.1371/journal.pone.0163481 (30.09.2019).

Burkart, Roland (2002): Kommunikationswissenschaft. Grundlagen und Problemfelder. Umrisse einer interdisziplinären Sozialwissenschaft. 4. Aufl. Wien et al.: Böhlau.

Chwiejda, Ewelina (2018): (Re)presenting, creating, manipulating. Images, Politics, and the Visual Production of Migration. In: Rass, Christoph/Ulz, Melanie (Hrsg.): Migration ein Bild geben. Visuelle Aushandlungen von Diversität. Wiesbaden: Springer VS, S. 215–240, DOI: 10.1007/978-3-658-10442-9_10.

Crawford, John R./Henry, Julie D. (2004): The Positive and Negative Affect Schedule (PANAS): Construct validity, measurement properties and normative data in large non-clinical sample. In: British Journal of Clinical Psychology, Jg. 43/2, S. 245–265.

De La Rosa, Sybille/Frank, Melanie (2017): Wo und wie finden flüchtende und geflüchtete Menschen Gehör? Über Subalternität in Europa und die Herausforderungen demokratischer Autorität. In: Zeitschrift für Flüchtlingsforschung, Jg. 1/1, S. 41–71, DOI: 10.5771/2509-9485-2017-1-41.

Debatin, Bernhard (2018): Integration in Zeiten des Populismus. Donald Trump und die (mangelnde) Integrationskraft der Medien – Reflexion und ein medienethisch-medienpraktisches Zwiegespräch mit Rieke Havertz. In: Prinzing, Marlis/Köberer, Nina/Schröder, Michael (Hrsg.): Migration, Integration, Inklusion. Medienethische Herausforderungen und Potenziale für die digitale Mediengesellschaft. Baden-Baden: Nomos, S. 197–210.

Dell'Orto, Giovanna (2019): Conclusion: Interplays of Journalistic Practices, News, Public Opinion, and Policies in Europe's Refugee Crises. In: dies./Wetzstein, Irmgard (Hrsg.): Refugee News, Refugee Politics. Journalism, Public Opinion and Policymaking in Europe. New York/London: Routledge, S. 216–224.

Dell'Orto, Giovanna/Birchfield, Vick L. (Hrsg.) (2013): Reporting at the Southern Borders: Journalism and Public Debates on Immigration in the US and the EU. New York/London: Routledge.

Denzin, Norman K. (2012): Triangulation 2.0. In: Journal of Mixed Methods Research, Jg. 6/2, S. 80–88.

Deutsche Shell Studie (2002): Jugend 2002. 14. Shell Jugendstudie. Frankfurt am Main: Fischer.

Diaz-Bone, Rainer (2010): Kulturwelt, Diskurs und Lebensstil. Eine diskurstheoretische Erweiterung der Bourdieuschen Distinktionstheorie. 2. erw. Aufl. Wiesbaden: Springer VS.

Ditton, Hartmut/Maaz, Kai (2011): Sozioökonomischer Status und soziale Ungleichheit. In: Reinders, Heinz/Ditton, Hartmut, Gräsel, Cornelia/Gniewosz, Burkhard (Hrsg.): Empirische Bildungsforschung. Gegenstandsbereiche. Wiesbaden: Springer VS, S. 163–167, DOI: 10.1007/978-3-531-93021-3_17.

Dreyer, Stephan (2006): Österreich. In: Hans-Bredow-Institut (Hrsg.): Medien von A bis Z. Wiesbaden: Springer VS, S. 269–272.

Drüeke, Ricarda/Fritsche, Katharina (2015): Geflüchtete in den Medien – Medien für Geflüchtete. In: Medien Journal, Jg. 39/4 Flucht, Migration und politische Kommunikation, S. 12–18.

Drüeke, Ricarda/Klaus, Elisabeth (2016): „Wir" und die „Anderen". Bilder von Geflüchteten in der österreichischen Printberichterstattung. In: Televizion, Jg. 29/2, S. 21–23.

Dursun, Ayse/Sauer, Birgit (2016): Unbegleitete minderjährige Geflüchtete in Österreich: Flucht-, Ankunfts- und Alltagserfahrungen. In: SWS Rundschau, Jg. 56/3, S. 297–318.

Düvell, Frank (2011): Soziologische Aspekte: Zur Lage der Flüchtlinge. In: Ottersbach, Markus/Prölß, Claus-Ulrich (Hrsg.): Flüchtlingsschutz als globale und lokale Herausforderung. Wiesbaden: Springer VS, S. 29–49, DOI: 10.1007/978-3-531-92852-4_3.

Ebbinghaus, Margit (2017): Berufliche Qualifizierung Geflüchteter: Führen direkte Anfragen zur Beteiligung von Betrieben? In: Zeitschrift für Flüchtlingsforschung, Jg. 1/2, S. 298–317, DOI: 10.5771/2509-9485-2017-2-298.

Eißler, Stefanie (2014): Experiment. In: Baur, Nina/Blasius, Jörg (Hrsg.): Handbuch Methoden der empirischen Sozialforschung. Wiesbaden: Springer, S. 195–210.

Entman, Robert M. (1993): Framing: Toward Clarification of a Fractured Paradigm. In: Journal of Communication, Jg. 43/4, S. 51–58.

Esser, Hartmut (1999): Soziologie. Allgemeine Grundlagen. Frankfurt am Main: Campus.

Esses, Victoria M./Hamilton, Leah K./Gaucher, Danielle (2017): the Global Refugee Crisis: Empirical Evidence and Policy Implications for Improving Public Attitudes and Facilitating Refugee Resettlement. In: Social Issues and Policy Review, Jg. 11/1, S. 78–123.

Faist, Thomas (2018): The moral polity of forced migration. In: Ethnic and Racial Studies, Jg. 41/3, S. 412–423, DOI: 10.1080/01419870.2017.1324170.

Fengler, Susanne/Bastian, Mariella/Brinkmann, Janis/Zappe, Anna Carina (2018): Die „Flüchtlingskrise“: Ethische Herausforderungen für Medien in Europa und Afrika – Migrationsberichterstattung in 11 afrikanischen und europäischen Ländern. In: Prinzing, Marlis/Köberer, Nina/Schröder, Michael (Hrsg.): Migration, Integration, Inklusion. Medienethische Herausforderungen und Potenziale für die digitale Mediengesellschaft. Baden-Baden: Nomos, S. 39–52.

Filipovic, Alexander (2018): Der Zusammenhang von Integration und Medien in ethischer Perspektive – eine Einführung. In: Prinzing, Marlis/Köberer, Nina/Schröder, Michael (Hrsg.): Migration, Integration, Inklusion. Medienethische Herausforderungen und Potenziale für die digitale Mediengesellschaft. Baden-Baden: Nomos, S. 21–36.

Flake, Regina/Jambo, Svenja/Pierenkemper, Sarah/Risius, Paula/Werner, Dirk (2017): Beschäftigung und Qualifizierung von Flüchtlingen in Unternehmen: Die Bedeutung von Unterstützungsangeboten bei der Integration, IW-Trends – Vierteljahresschrift zur empirischen Wirtschaftsforschung, Jg. 44/2, S. 3–20, DOI: 10.2373/1864-810X.17-02-01.

Fleck, Christian (2010): Wie statistische und andere Zahlen unser Vertrauen gewinnen und enttäuschen. In: Aulenbacher, Brigitte/Ziegler, Manfred (Hrsg.): In Wahrheit…Herstellung, Nutzen und Gebrauch von „Wahrheit“ in Wissenschaft und Alltag. Innsbruck: Studien-Verlag, S. 131–146.

Flick, Uwe (2005): Triangulation. In: Flick, Uwe/von Kardoff, Ernst/Steinke, Ines (Hrsg.): Qualitative Forschung. Ein Handbuch, 4. Aufl. Reinbek bei Hamburg: Rowohlt, S. 309–318.

Flick, Uwe (2011) Triangulation. Eine Einführung. 3. Akt. Aufl. Wiesbaden: Springer VS.

Foucault, Michel (1991): Die Ordnung des Diskurses. Frankfurt am Main: Suhrkamp.

Friedrichs, Anne (2018): Placing Migration in Perspective. Neue Wege einer relationalen Geschichtsschreibung. In: Geschichte und Gesellschaft Nr. 44, S. 167–195.

Friedrichs, Jürgen/Leßke, Felix/Schwarzenberg, Vera (2017): Die sozialräumliche Integration von Flüchtlingen. Das Beispiel der Flüchtlingsunterkunft

Sophienterrasse in Hamburg-Harvestehude. In: Aus Politik und Zeitgeschichte, Jg. 67/27-29, S. 34–40.

Friese, Heidrun (2018): Framing Mobility. Refugees and the Social Imagination. In: Bachmann-Medick, Doris/Kugele, Jens (Hrsg.): Migration: Changing Concepts, Critical Approaches. Berlin/Bosten: de Gruyter, S. 45–62.

Fritsch, Nina-Sophie/Verwiebe, Roland (2016): Schrumpfende Mittelschicht in Österreich? Hintergründe und empirische Befunde im Kontext europaweiter Trends. In: Fritz, Judith/Tomaschek, Nino (Hrsg.): Gesellschaft im Wandel. Gesellschaftliche, wirtschaftliche und ökologische Perspektiven. University Society Industry, Band 5. Münster: Waxmann, S. 107–116.

Fritsch, Nina-Sophie/Verwiebe, Roland/Liebhart, Christina (2018): Arbeit und Berufe in Österreich. Veränderte Einstellungsmuster im Kontext des Strukturwandels am Arbeitsmarkt. In: Bacher, Johannes/Grausgruber, Alfred/Haller, Max/Höllinger, Franz/Prandner, Dimitri/Verwiebe/Roland (Hrsg.): Sozialstruktur und Wertewandel in Österreich. Trends 1986 – 2016. Wiesbaden: Springer VS, S. 333–385.

Geißler, Rainer (2010): Mediale Integration von ethnischen Minderheiten. Der Beitrag der Massenmedien zur interkulturellen Integration. In: Friedrich-Ebert-Stiftung (Hrsg.): Zur Rolle der Medien in der Einwanderungsgesellschaft, S. 8–22.

Gingrich, Andre (2006): Conceptualising Identities. Anthropological Alternatives to Essentialising Difference and Moralizing about Othering. In: Baumann, Gerd/ders. (Hrsg.): Grammars of Identity/Alterity. A Structural Approach. New York/Oxford: Berghahn, S. 3–17.

Gingrich, Andre (2011): Othering. In: Kreff, Ferdinand/Knoll, Eva-Maria/ders. (Hrsg.): Lexikon der Globalisierung. Bielefeld: transcript, S. 323–324.

Goedeke Tort, Maheba Nuria/Guenther, Lars/Ruhrmann, Georg (2016): Von kriminell bis willkommen. Wie die Herkunft über das mediale Framing von Einwanderern entscheidet. In: Medien & Kommunikationswissenschaft, Jg. 64/4, S. 497–517, DOI: 10.5771/1615-634X-2016-4-497.

Gröger, Ingrid (2017): „Die Darstellung syrischer Flüchtlinge in österreichischen Tageszeitungen. Eine historische Diskursanalyse der Darstellung syrischer Flüchtlinge im Sommer 2015 in den Tageszeitungen ‚Der Standard' und ‚Kronen Zeitung' im Vergleich". Diplomarbeit an der Universität Wien.

Greck, Regina (2018): Zwischen Brennpunkt und Integration. Frames in der Berichterstattung über die Flüchtlingskrise in der deutschen Regionalpresse. In: Prinzing, Marlis, Köberer, Nina/Schröder, Michael (Hrsg.): Migration, Integration, Inklusion. Medienethische Herausforderungen und Potenziale für die digitale Mediengesellschaft. Baden-Baden: Nomos, S. 71–86.

Gross, Kimberly (2008): Framing Persuasive Appeals: Episodic and Theamtic Framing, Emotional Response, and Policy Opinion. In: Political Psychology, Jg. 29/2, S. 169–192, DOI: 10.1111/j.1467-9221.2008.00622.x.

Gutzmer, Alexander (2018): Grenzübergang. Die Frontera als Medium zwischen USA und Mexiko. In: Nassehi, Armin/Felixberger, Peter (Hrsg.): Kursbuch 195 #realitycheck_medien, S. 146–163.

Hadj-Abdou, Leila (2008): Das muslimische Kopftuch und die Geschlechtergleichheit: Eine Frage der Kultur oder der Religion? In: Femina Politica, Jg. 2008/1, S. 68–80.

Hafez, Kai (2013): Freiheit, Gleichheit und Intoleranz. Der Islam in der liberalen Gesellschaft Deutschlands und Europas. Bielefeld: transcript.

Haller, Max/Müller Kmet, Bernadette (2018): Die Wertorientierungen der Österreicher_innen. In: Bacher, Johannes/Grausgruber, Alfred/Haller, Max/-Höllinger, Franz/Prandner, Dimitri/Verwiebe/Roland (Hrsg.): Sozialstruktur und Wertewandel in Österreich. Trends 1986 - 2016. Wiesbaden: Springer VS, S. 51–70.

Haubl, Rolf (2017): Gelingt es, ohne Feindbilder zu leben? In: psychosozial, Jg. 40/3, S. 9–16.

Haug, Sonja/Lochner, Susanne/Huber, Dominik (2017): Methodische Herausforderungen der quantitativen und qualitativen Datenerhebung bei Geflüchteten. Beitrag zur Ad-Hoc-Gruppe „Geflüchtete als Herausforderung für die empirische Sozialforschung." In: Lessenich, Stephan (Hrsg.): Geschlossene Gesellschaften. Verhandlungen des 38. Kongresses der Gesellschaft für Soziologie in Bamberg 2016. Online verfügbar unter: https://publikationen.soziologie.de/index.php/kongressband_2016/article/view/402 (29.03.2019).

Heitmeyer, Wilhelm (2018): Autoritäre Versuchungen. Wiesbaden: Suhrkamp.

Hemmelmann, Petra/Wegner, Susanne (2016): Flüchtlingsdebatte im Spiegel von Medien und Parteien. Ein Überblick. In: Communicatio Socialis, Jg. 49/1, S. 21–38, DOI: 10.5771/0010-3497-2016-1-21.

Herfert, Caroline (2018): Orient im Rampenlicht. Die Inszenierung des Anderen in Wien um 1900. Berlin: Neofelis.

Herwig, Andreas (2017): Arbeitsmarktchancen von Migranten in Europa. Analysen zur Bedeutung von Bildungsherkunft und Bildungssystem. Wiesbaden: Springer VS.

Hoffmann, Agnes (2014): Postkoloniale Repräsentationen von Migrant*innen im aktuellen österreichischen Integrationsdiskurs. Diplomarbeit an der Universität Wien.

Hoffmeyer-Zlotnik, Jürgen H. P./Warner, Uwe (2014): Soziodemographische Standards. In: Baur, Nina/Blasius, Jörg (Hrsg.): Handbuch Methoden der empirischen Sozialforschung. Wiesbaden: Springer, S. 733–743.

Höpfner, Elena (2018): Menschen auf der Flucht und die Bedeutung ihrer Dinge. Eine gegenstandsbezogene Theoriebildung im doppelten Sinne. Wiesbaden: Springer VS.

Hunsicker, Katrin (2018): *Weiße* Gemeinschaft und Schwarze „Gifthändler". Bilder rassifizierter und vergeschlechtlicher Kollektiv- und Fremdkörper in asylpolitischen Diskursen des Magazins *Der Spiegel*. In: Rass, Christoph/Ulz, Melanie (Hrsg.): Migration ein Bild geben. Visuelle Aushandlungen von Diversität. Wiesbaden: Springer VS, S. 75–100, DOI: 10.1007/978-3-658-10442-9_11.

Jäger, Margarete/Wamper, Regina (2017): Der Rechtsruck der Mitte im Fluchtdiskurs 2015. In: Aigner, Isolde/Paul, Jobst/Wamper, Regina (Hrsg.): Autoritäre Zuspitzung. Rechtsruck in Europa. Münster: UNRAST, S. 73–80.

Jick, Todd D. (1979): Mixing Qualitive and Quantitative Methods: Triangulation in Action. In: Administrative Science Quarterly, Jg. 24/4, S. 602–611.

Kamps, Klaus/Fischer, Franziska/Michaelis, Inga/Olfermann, Elisabeth (2014): Information, Emotion, Expertise. Ein Experiment zur Wirkung journalistischer Darstellungsweisen in der Gesundheitskommunikation. In: Lilienthal, Volker/Reineck, Dennis/Schnedler, Thomas (Hrsg.): Qualität im Gesundheitsjournalismus. Perspektivenaus Wissenschaft und Praxis. Wiesbaden: Springer VS, S. 139–156, DOI 10.1007/978-3-658-02427-7_8.

Kappas, Arvid/Müller, Marion G. (2006): Bild und Emotion – ein neues Forschungsfeld. In: Publizistik, Jg. 51/1, S. 3–23, DOI: 10.1007/s11616-006-0002-x.

Kaufmann, Kaja (2016): Wie nutzen Flüchtlinge ihre Smartphones auf der Reise nach Europa? Ergebnisse einer qualitativen Interview-Studie mit syrischen Schutzsuchenden in Österreich. In: SWS Rundschau, Jg. 56/3, S. 319–342.

Kaulert, Monique/Holz, Anna-Lisa/Chakkarath (2017): Reden über Flucht. Eine kurze Bestandsaufnahme zu Perspektiven, Defiziten und Möglichkeiten der Forschung. Editorial. In: psychosozial, Jg. 40/4, S. 5–18.

Keil, Andreas (2005): Eintauchen in Lenis Welt: Plädoyer für eine multivariate Emotionspsychologie in der affektiven Medienanalyse. In: ders./Grau, Oliver (Hrsg.): Mediale Emotionen. Zur Lenkung von Gefühlen durch Bild und Sound. Frankfurt am Main: Fischer, S. 133–148.

Keil, Andreas/Grau, Oliver (2005): Mediale Emotionen: Auf dem Weg zu einer historischen Emotionsforschung. In: dies. (Hrsg.): Mediale Emotionen. Zur

Lenkung von Gefühlen durch Bild und Sound. Frankfurt am Main: Fischer, S. 7–19.

Keller, Reiner (1999): Diskursbegriff und interpretatives Paradigma. Referat zum Workshop „Perspektiven der Diskursanalyse" vom 11.-12. März 1999 in Augsburg. Online verfügbar unter http://www.epb.uni-hamburg.de/erzwiss/lohmann/Lehre/Wint3-4/pe/keller.html (29.09.2019).

Keller, Reiner (2010): Wissenssoziologische Diskursanalyse und Systemtheorie. In: John, René/Henkel, Anna/Rückert-John, Jana (Hrsg.): Die Methodologien des Systems. Wie kommt man zum Fall und wie dahinter? Wiesbaden: Springer, S. 241–272.

Keller, Reiner (2011): Diskursforschung. Eine Einführung für Sozialwissenschaftler, 4. Aufl. Wiesbaden: Springer VS.

Keller, Reiner (2013): Das Wissen der Wörter und Diskurse. Über Sprache und Wissen in der Wissenssozilogischen Diskursanalyse. In: Viehöver, Willy/ders./Schneider, Werner (Hrsg.): Diskurs. Sprache. Wissen. Wiesbaden: Springer VS, S. 21–50.

Klages, Helmut (1989): Wert. In: Endruweit, Günter/Trommsdorff, Gisela (Hrsg.): Wörterbuch der Soziologie. Stuttgart: Enke, S. 807–811.

Kleist, J. Olaf (2018): Ein Forschungsfeld im Umbruch. Flucht und Flüchtlingsforschung in Deutschland 2011 bis 2016, online verfügbar unter: https://fluechtlingsforschung.net/ein-forschungsfeld-im-umbruch-flucht-und-fluchtlingsforschung-deutschland-von-2011-bis-2016/ (28.09.2019).

Klöckner, Jennifer/Friedrichs, Jürgen (2014): Gesamtgestaltung des Fragebogens. In: Baur, Nina/Blasius, Jörg (Hrsg.): Handbuch Methoden der empirischen Sozialforschung. Wiesbaden: Springer, S. 675–686.

Knuth, Matthias (2016): Arbeitsmarktintegration von Flüchtlingen. Arbeitsmarktpolitik reformieren, Qualifikationen vermitteln. WISO Diskurs 21/2016.

Kosnick, Kira (2018): How to do Things with Words, oder: Postmigrantische Sprechakte. In: Foroutan, Naika/Karakayali, Juliane/Spielhaus, Riem (Hrsg.): Postmigrantische Perspektiven. Ordnungssysteme, Repäsentationen, Kritik. Frankfurt am Main: Campus, S. 150–172.

Krohne, Heinz Walter/Egloff, Boris/Kohlmann, Carl-Walter/Tausch, Anja (1996): Untersuchungen mit einer deutschen Version der „Positive and Negative Affect Schedule" (PANAS). In: Diagnostica, Jg. 42/2, S. 139–156.

Küchenhoff, Joachim (2017): Die Konstruktion des Eigenen und des Fremden – eine Grundfrage der transkulturellen therapeutischen Arbeit. In: psychosozial, Jg. 40/3, S. 17–27.

Kühne, Rinaldo (2013): Emotionale Framing-Effekte auf Einstellungen: Ein integratives Modell. In: Medien & Kommunikationswissenschaft, Jg. 61/1, S. 5–20.

Kühne, Rinaldo/Sommer, Katharina/Weber, Patrick (2015): Kognitive und emotionale Framing-Effekte auf Einstellungen. Überlegungen zur Relevanz der Untersuchung von Mediationsprozessen und eine empirische Überprüfung. In: Medien & Kommunikationswissenschaft, Jg. 63/4, S. 44–61, DOI: 10.5771/1615-634x-2015-1-44.

Landmann, Helen/Aydin, Anna Lisa/van Dick, Rolf/Klocke, Ulrich (2017): Die Kontakthypothese: Wie Kontakt Vorurteile reduzieren und die Integration Geflüchteter fördern kann. In: The Inquisitive Mind, Jg. 2017/3, Themenheft: Flucht und Migration – Interventionen, online verfügbar unter: http://de.in-mind.org/article/die-kontakthypothese-wie-kontakt-vorurteile-reduzieren-und-die-integration-gefluechteter (29.03.2019).

Latcheva, Rossalina/Eldad, Davidov (2014): Skalen und Indizes. In: Baur, Nina/Blasius, Jörg (Hrsg.): Handbuch Methoden der empirischen Sozialforschung. Wiesbaden: Springer, S. 745–756.

Lecheler, Sophie K./Schuck, Andreas/Claes, Hubert M. (2013): Dealing with feelings: Positive and negative discrete emotions as mediators of news framing effects. In: Communications, Jg. 38/2, S. 189–209, DOI: 10.1515/commun-2013-0011.

Lecheler, Sophie K./Bos, Linda/Vliegenthart, Rens (2015): The Mediating Role of Emotions: News Framing Effects on Opinions about Immigration. In: Journalism & Mass Communication Quarterly, Jg. 92/4, S. 812–838, DOI: 10.1177/1077699015596338.

Lehner, Sabine/Rheindorf, Markus (2019): „Fortress Europe“: Representation and Argumentation in Austria and EU Press releases on Border Policies. In: Dell'Orto, Giovanna/Wetzstein, Irmgard (Hrsg.): Refugee News, Refugee Politics. Journalism, Public Opinion and Policymaking in Europe. New York/London: Routledge, S. 30–55.

Lemke, Matthias/Stulpe, Alexander (2015): Text und soziale Wirklichkeit. Theoretische Grundlagen und empirische Anwendung von Text-Mining-Verfahren in sozialwissenschaftlicher Perspektive. In: Zeitschrift für germanistische Linguistik, Jg. 43/1, S. 52–83.

Lengfeld, Holger/Dilger, Clara (2018): Kulturelle und ökonomische Bedrohung. Eine Analyse der Ursachen der Parteiidentifikation mit der „Alternative für Deutschland“ mit dem Sozio-ökonomischen Panel 2016. In: Zeitschrift für Sozologie, Jg. 47/3, S. 181–199, DOI: 10.1515/zfsoz-2018-1012.

Luhmann, Niklas (2017 [1995]): Die Realität der Massenmedien. 5. Aufl. Wiesbaden: Springer VS, DOI: 10.1007/978-3-658-17738-6.

Lux, Thomas (2018): Die AfD und die unteren Statuslagen. Eine Forschungsnotiz zu Holger Lengfelds Studie Die „Alternative für Deutschland“: eine Partei für Modernisierungsverlierer? In: Kölner Zeitschrift für Soziologie und Sozialpsychologie, Jg. 70/2, S. 255–273.

El-Mafaalani, Aladin (2018): Das Integrationsparadox. Warum gelungene Integration zu mehr Konflikten führt. Köln: Kiepenheuer & Witsch.

Masarova, Nela Helena (2017): Ein Vergleich der Darstellung der „Flüchtlingskrise“ und Repräsentationen von Flüchtlingen in tschechischen und österreichischen Online-Zeitungen im Frühling/Sommer 2016. Eine kritische Diskursanalyse. Masterarbeit an der Universität Wien.

Matthes, Jörg (2007): Framing-Effekte. Zum Einfluss der Politikberichterstattung auf die Einstellungen der Rezipienten. München: Fischer.

Mau, Steffen (2017): Das metrische Wir. Über die Quantifizierung des Sozialen. Frankfurt am Main: Suhrkamp.

Meinhart, Edith/Staudinger, Martin/Unger, Peter (2019): From Empathy to Hostility in 127 days: The Journey of Austrian Press and TV Coverage. In: Dell'Orto, Giovann/Wetzstein, Irmgard (Hrsg.): Refugee News, Refugee Politics. Journalism, Public Opinion and Policymaking in Europe. New York/ London: Routledge, S. 171–183.

Meyer, Evelyn (1997): Sprachgebrauch in der Asyldebatte. In: Jung, Matthias/Wengeler, Martin/Böke, Karin (Hrsg.): Die Sprache des Migrationsdiskurses. Opladen: Westdeutscher Verlag, S. 150–163.

Mitchell; W. J. T. (1994): Picture Theory. Essays on Verbal and visual Representation. Chicago: University of Chicago Press.

Müller, Tobias (2018): Constructing cultural borders: depictions of Muslim refugees in British and German media. In: Zeitschrift für Vergleichende Politikwissenschaften, Nr. 12, S. 263–277.

Müller, Nadine D./Steinert, Anika/Esselbach, Kateryna/Zimmerling, Sophia (2017): Medien und Islam – eine gefährliche Mischung? Die Wirkung der Medien auf Einstellungen gegenüber Muslimen und dem Islam und die Islamophobie. In: Frindte, Wolfgang/Dietrich, Nico (Hrsg.): Muslime, Flüchtlinge und Pegida. Sozialpsychologische und kommunikationswissenschaftliche Studien in Zeiten globaler Bedrohungen. Wiesbaden: Springer VS, S. 139–158, DOI: 10.1007/978-3-658-17603-7_5.

Nachtwey, Oliver (2016): Die Abstiegsgesellschaft. Über das Aufbegehren in der regressiven Moderne. Frankfurt am Main: Suhrkamp.

Nassehi, Armin (2018a): Editorial. In: ders./Felixberger, Peter (Hrsg.): Kursbuch 195 #realitycheck_medien, S. 3–6.

Nassehi, Armin (2018b): „Wir werden es gewusst haben!“ Das Internet als Massenmedium. In: ders./Felixberger, Peter (Hrsg.): Kursbuch 195 #realitycheck_medien, S. 53–69.

Neuberger, Christoph (2018): Entfesselte Kontexte. Status und Konsequenz digitaler Öffentlichkeit. In: Nassehi, Armin/Felixberger, Peter (Hrsg.): Kursbuch 195 #realitycheck_medien, S. 31–52.

Neuberger, Christoph/Bartsch, Anne/Reinemann, Carsten/Fröhlich, Romy/Hanitzsch, Thomas/Schindler, Johanna (2019): Der digitale Wandel der Wissensordnung. Theorierahmen für die Analyse von Wahrheit, Wissen und Rationalität in der öffentlichen Kommunikation. In: Medien & Kommunikationswissenschaft, Jg. 67/2, S. 167–187.

Nohl, Arnd-Michael (2017): Politische Erziehung durch Medienberichterstattung? Diskurse zu Flucht und Asyl 2015 in der Mitte-Rechts-Presse und linksalternativen Presse. In: Zeitschrift für Flüchtlingsforschung, Jg. 1/2, S. 244–274, DOI: 10.5771/2509-9485-2017-2-244.

Orde, Heike vom (2016): Flucht und Asyl in den Medien. Ausgewählte Forschungsergebnisse. In: Televizion, Jg. 29/2, S. 11–13.

Otto, Jürgen H./Euler, Harald A./Mandl, Heinz (2000): Begriffsbestimmungen. In: dies. (Hrsg.): Handbuch der Emotionspsychologie. Weinheim: Psychologie Verlagsunion, S. 11–18.

Parker, Ian (2005): Die diskursanalytische Methode. In: Flick, Uwe/Kardoff, Ernst von/Steinke, Ines (Hrsg.): Qualitative Forschung. Ein Handbuch. Reinbeck bei Hamburg: Rowohlt, S. 546–556.

Pettigrew, Thomas F./Tropp, Linda R. (2006): A Meta-Analytic Test of Intergroup Contact Theory. In. Journal of Personality and Social Psychology, Jg. 90/5, S. 751–783, DOI: 10.1037/0022-3514.90.5.751.

Pettigrew, Thomas F./Tropp, Linda R. (2008): How does intergroup contact reduce prejudice? Meta-analytic tests of three mediators. In: European Journal of Social Psychology, Jg. 38, S. 922–934, DOI: 10.1002/ejsp.504.

Porst, Rolf (2014): Frageformulierung. In: Baur, Nina/Blasius, Jörg (Hrsg.): Handbuch Methoden der empirischen Sozialforschung. Wiesbaden: Springer, S. 687–700.

Pöttker, Horst (2005): Soziale Integration. Ein Schlüsselbegriff für die Forschung über Medien und ethnische Minderheiten. In: Geißler, Rainer/ders. (Hrsg.): Massenmedien und die Integration ethnischer Minderheiten in Deutschland. Band 1: Problemaufriss- Forschungsstand – Bibliographie. Bielefeld: transcript, S. 25–43.

Prack, Ralf-Peter (2010): Kaufschalter „Autorität“. In: ders.: Beeinflussung im Verkaufsgespräch. Wiesbaden Springer, S. 108–135.

Prinzing, Marlis/Köberer, Nina/Schröder, Michael (2018): Einleitung: Guter Journalismus bildet die Gesellschaft in ihrer Vielfalt ab. Medienethische Herausforderungen und Potenziale von Integration in einer digitalen Mediengesellschaft. In: dies. (Hrsg.): Migration, Integration, Inklusion. Medienethische Herausforderungen und Potenziale für die digitale Mediengesellschaft. Baden-Baden: Nomos, S. 11–17.

Rass, Christoph/Ulz, Melanie (2018): Migration ein Bild geben. Eine Einleitung. In: dies. (Hrsg.): Migration ein Bild geben. Visuelle Aushandlungen von Diversität. Wiesbaden: Springer VS, S. 1–8, DOI: 10.1007/978-3-658-10442-9_1.

Reinmuth, Marcus (2009): Vertrauen und Wirtschaftssprache: Glaubwürdigkeit als Schlüssel für erfolgreiche Unternehmenskommunikation. In: Moss, Christoph (Hrsg.): Die Sprache der Wirtschaft. Wiesbaden: Springer VS, S. 127–145, DOI: 10.1007/978-3-531-91888-4_8.

Reips, Ulf-Dietrich (2003): Experimente: Eckpfeiler der Online-Forschung. In: Theobald, Axel/Dreyer, Marcus/Starsetzji, Thomas (Hrsg.): Online-Marktforschung. Theoretische Grundlagen und praktische Erfahrungen, 2. Überarb. Aufl. Wiesbaden: Gabler, S. 73–89.

Sahlender, Anton (2017): Zwischen Willkommenskultur und Diskriminierung. Medien auf der Suche nach Wahrhaftigkeit. In: Gross-Dinter, Ursula/Feuser, Florian/Ramos Méndez-Sahlender (Hrsg.): Zum Umgang mit Migration. Zwischen Empörungsmodus und Lösungsorientierung. Bielefeld: transcript, S. 231–260.

Sauer, Christoph (2017): Flüchtlingsdiskurse in der Bilderwelt. Fotos als erwünschte und unerwünschte Repräsentationen. In: Gross-Dinter, Ursula/Feuser, Florian/Ramos Méndez-Sahlender (Hrsg.): Zum Umgang mit Migration. Zwischen Empörungsmodus und Lösungsorientierung. Bielefeld: transcript, S. 261–304.

Schemer, Christian (2013): Priming, Framing, Stereotype. In: Schweiger, Wolfgang/Fahr, Andreas (Hrsg.): Handbuch Medienwirkungsforschung. Wiesbaden: Springer VS, S. 153–170.

Scheufele, Bertram/Gasteiger, Carolin (2007): Berichterstattung, Emotionen und politische Legitimierung. Eine experimentelle Untersuchung zum Einfluss der Politikberichterstattung auf die Legitimierung politischer Entscheidungen am Beispiel Bundeswehreinsätzen. In: Medien & Kommunikationswissenschaft, Jg. 55/4, S. 534–554, DOI: 10.5771/1615-634x-2007-4-534.

Schmid Noerr, Gunzelin/Meints-Stender, Waltraud (Hrsg.) (2017): Geflüchtete Menschen. Ankommen in der Kommune. Theoretische Beiträge und Berichte aus der Praxis. Budrich: Leverkusen.

Scholl, Armin/Völker, Julia (2019): Fake News, aktuelle Desinformation und das Problem der Systematisierung. In: Medien & Kommunikationswissenschaft, Jg. 67/2, S. 206–214, DOI: 10.5771/1615-634x-2019-2-206.

Schramm, Holger/Wirth, Werner (2006): Medien und Emotionen. Bestandsaufnahme eines vernachlässigten Forschungsfeldes aus medienpsychologischer Perspektive. In: Medien & Kommunikationswissenschaft, Jg. 54/1, S. 25–55, DOI: 10.5771/1615-634x-2006-1-25.

Schuck, Andreas R. T./Feinholdt, Alina (2014): News Framing Effects and Emotions. In: Scott, Robert/Kosslyn, Stephan (Hrsg.): Research Trends and Developments, in Emerging Trends in the Social and Behavioral Sciences. Hoboken, New Jersey: John Wiley and Sons, online verfügbar unter: https://www.researchgate.net/profile/Andreas_Schuck2/publication-/26300-9876_News_-Framing_Effects_and_Emotions_Research_Trends_and_Developments-/links/0a-85e5398-a1d6e8510000000/News-Framing-Effects-and-Emotions-Research-Trends-and-Developments.pdf (29.08.2019).

Schulz, Andreas (2018): Deutschsprachige Flüchtlingsforschung in sozialwissenschaftlichen Fachjournals und Netzwerke: Eine Sammelbesprechung der psychosozial Bände 149 und 150. In: Soziologieblog, https://soziologieblog.hypotheses.org/11526 (29.08.2019).

Schulz, Winfried (1982): Ausblick am Ende des Holzweges. Eine Übersicht über die Ansätze der neuen Wirkungsforschung. In: Publizistik, Jg. 37/1–2, S. 49–73.

Schulz, Winfried (2011): Politische Kommunikation. Theoretische Ansätze und Ergebnisse empirischer Forschung. Wiesbaden: Springer VS.

Schulze, Annett (2017): Migration und Flucht im Blick. Widerständige journalistische Praxen im Umgang mit medialen Repräsentationen Migrierter und Geflüchteter. In: psychosozial, Jg. 40/4, S. 29–40.

Schwarz, Norbert (2010): Feeling-as-Information Theory. In Van Lange, Paul/Kruglanski, Arie W./Higgins, E. Tory (Hrsg.): Handbook of theories of social psychology. London et al.: Sage, S. 289–308.

Schwartz, Shalom H. (o. Datum): Basic Human Values: An Overview, online verfügbar unter: https://www.yourmorals.org/schwartz.2006.basic%20human%20values.pdf (01.04.2019).

Schweiger, Wolfgang (2013): Grundlagen: Was sind Medienwirkungen? Überblick und Systematik. In: Schweiger, Wolfgang/Fahr, Andreas (Hrsg.): Handbuch Medienwirkungsforschung. Wiesbaden: Springer VS, S. 15–38, DOI 10.1007/978-3-531-18967-3_1.

Seng, Leonie (2018): Konstruktiver Journalismus – mehr zeigen von der Welt? Medienethische Analyse verschiedener Berichterstattungsansätze über Flüchtlinge. In: Prinzing, Marlis/Köberer, Nina/Schröder, Michael (Hrsg.): Migration, Integration, Inklusion. Medienethische Herausforderungen und Potenziale für die digitale Mediengesellschaft. Baden-Baden: Nomos, S. 121–132.

Soeffner, Hans-Georg/Raab, Jürgen (2004): Bildverstehen als Kulturverstehen in medialisierten Gesellschaften. In: Assmann, Aleida/Gaier, Ulrich/ Trommsdorff, Gisela (Hrsg.): Positionen der Kulturanthropologie. Frankfurt am Main: Suhrkamp, S. 249–274.

Spielhaus, Riem (2018): Zwischen Migrantisierung von Muslimen und Islamisierung von Migranten. In: Foroutan, Naika/Karakayali, Juliane/dies. (Hrsg.): Postmigrantische Perspektiven. Ordnungssysteme, Repräsentationen. Frankfurt am Main: Campus, S. 129–144.

Spivak, Gayatri Chakravorty (2008): Can the Subaltern Speak? Postkolonialität und subalterne Artikulation. Wien: Turia + Kant.

Sponholz, Liriam (2016): Als der Sommer zu Ende ging: Die Flüchtlingsdebatte im Wiener Wahlkampf auf Facebook. In: SWS Rundschau, Jg. 56/3, S. 371–398.

Stein, Petra (2014): Forschungsdesigns für die quantitative Sozialforschung. In: Baur, Nina/Blasius, Jörg (Hrsg.): Handbuch Methoden der empirischen Sozialforschung. Wiesbaden: Springer, S. 135–152.

Strsembski, Stephan (2017): Das Bild des Flüchtlings. Displacement als Thema der zeitgenössischen Kunst. In: Ghaderi, Cinur/Eppenstein, Thomas (Hrsg.): Flüchtlinge. Multiperspektivische Zugänge. Wiesbaden: Springer VS, S. 213–234, DOI: 10.1007/978-3-658-15741-8_10.

Strübing, Jörg/Hirschauer, Stefan/Ayaß, Ruth/Krähnke, Uwe/Scheffer, Thomas (2018): Gütekriterien qualitativer Sozialforschung. Ein Diskussionsanstoß. In: Zeitschrift für Soziologie, Jg. 47/2, S. 83–100, DOI: 10.1515/zfsoz-2018-1006.

Suber, Daniel (2018): Bild/Bildlichkeit. In: Hoffmann, Dagmar/Winter, Rainer (Hrsg.): Mediensoziologie. Handbuch für Wissenschaft und Forschung. Baden-Baden: Nomos, S. 177–185.

Sülflow, Michael/Esser, Frank (2014): Visuelle Kandidatendarstellung in Wahlkampfbeiträgen deutscher und amerikanischer Fernsehsender–Image Bites, Rollenbilder und nonverbales Verhalten. In: Publizistik, Jg. 59/3, S. 285–306.

Tietze, Nikola (2018): Islam in Europa. In: Bach, Maurizio/Bach-Höring, Barbara (Hrsg.): Europasoziologie. Handbuch für Wissenschaft und Studium. Baden-Baden: Nomos, S. 352–360.

Tosic, Jelena (2017): From a Transit Route to the "Backyard of Europe"? Tracing the Past, Present and Future of the "Balkan Route". In: Binder,

Susanne/Fartacek, Gebhard (Hrsg.): Facetten von Flucht aus dem Nahen und Mittleren Osten. Wien: Facultas, S. 150–166.

Traue, Boris/Pfahl, Lisa/Schürmann, Lena (2014): Diskursanalyse. In: Baur, Nina/Blasius, Jörg (Hrsg.): Handbuch Methoden der empirischen Sozialforschung. Wiesbaden: Springer, S. 493–508.

Trepte, Sabine (2013): Psychologie als Grundlagenfach der Medienwirkungsforschung. In: Schweiger, Wolfgang/Fahr, Andreas (Hrsg.): Handbuch Medienwirkungsforschung. Wiesbaden: Springer VS, S. 89–112, DOI 10.1007/978-3-531-18967-3_4.

Tutic, Andreas/von Hermani, Hagen (2018): Sozioökonomischer Status, Deprivation und die Affinität zur AfD – Eine Forschungsnotiz. In: Kölner Zeitschrift für Soziologie und Sozialpsychologie, Jg. 70/2, S. 275–294.

Ultsch, Christian/Prior, Thomas/Nowak, Rainer (2017): Flucht: wie der Staat die Kontrolle verlor. Wien/Klagenfurt: Molden.

Utler, Astrid (2017): „There is nobody here – no German body". Deutschlandbild(er) eines Geflüchteten. In: psychosozial, Jg. 40/4, S. 41–56.

Valentino, Nicholas A./Brader, Ted/Groenendyk, Eric W./Gregorowicz, Krysha/Hutchings, Vincent L. (2011): Election night's alright for fighting: The role of emotions in political participation. In: The Journal of Politics, Jg. 73/1, S. 156–170.

Valentino, Nicholas A./Hutchings, Vincent L./Banks, Antoine J./Davis, Anne K. (2008): Is a worried citizen a good citizen? Emotions, political information seeking, and learning via the internet. In: Political Psychology, Jg. 29/2, S. 247–273.

Verwiebe, Roland (2014): Die Auflösung der migrantischen Mittelschicht und wachsende Armut in Deutschland. In: Aus Politik und Zeit, Jg. 47/2014, S. 24–30.

Verwiebe, Roland (2019): Werte und Wertebildung – einleitende Bemerkungen und empirischer Kontext. In: ders. (Hrsg.): Werte und Wertebildung aus interdisziplinärer Perspektive. Wiesbaden: Springer VS, S. 1–22.

Verwiebe, Roland/Haindorfer, Raimund/Seewann, Lena/Dlabaja, Cornelia/Lipp, Sina/Wolf, Margarita (2015): Zusammenleben in Wien. Einstellungen zu Zuwanderung und Integration. In: Stadt Wien, Magistratsabteilung 18, Stadtentwicklung und Stadtplanung (Hrsg.): Werkstattbericht 152. Wien.

Verwiebe, Roland/Seewan, Lena/Wolf, Margarita (2018a): Migration und Flucht. In: Bach, Maurizio/Bach-Höring, Barbara (Hrsg.): Europasoziologie. Handbuch für Wissenschaft und Studium. Baden-Baden: Nomos, S. 229–240.

Verwiebe, Roland/Seewan, Lena/Wolf, Margarita (2018b): Zur Relevanz verschiedener Lebensbereiche für die Entstehung individueller Werthaltungen.

Aktuelle Befunde für Österreich aus einer Mixed-Methods-Studie. In: Österreichische Zeitschrift für Soziologie, Jg. 43/2, S. 179–201, DOI: 10.1007/s11614-018-0305-y.

Verwiebe, Roland/Seewan, Lena/Wolf, Margarita (2019): Werte und Wertebildung in der Einwanderungsgesellschaft. In: Verwiebe, Roland (Hrsg.): Werte und Wertebildung aus interdisziplinärer Perspektive. Wiesbaden: Springer VS, S. 239–264.

Vlasic, Andreas (2012): Medien und Integration. Ein Vorschlag zur theoretischen Konzeption und empirischen Erfassung integrationsrelevanter Medieninhalte. In: Publizistik, Jg. 57/4, S. 419–444, DOI: 10.1007/s11616-012-0159-4.

Vorländer, Hans/Herold, Maik/Schäller, Steven (2017): Entfremdung, Empörung, Ethnozentrismus. Was PEGIDA über den sich formierenden Rechtspopulismus verrät. In: Jörke, Dirk/Nachtwey, Oliver (Hrsg.): Das Volk gegen (liberale) Demokratie. Leviathan Sonderband 32, S. 138–160.

Weichbold, Martin (2014): Pretest. In: Baur, Nina/Blasius, Jörg (Hrsg.): Handbuch Methoden der empirischen Sozialforschung. Wiesbaden: Springer, S. 299–304.

Weiner, Bernhard (1985): An attributional theory of achievement motivation and emotion. In: Psychological Review, Jg. 92/4, S. 548–573.

Wetzstein, Irmgard (2019): The Gender Dimension of the Refugee Debate: Progressiveness and Backwardness Discourses in Austria Press Coverage. In: Dell'Orto, Giovann/dies. (Hrsg.): Refugee News, Refugee Politics. Journalism, Public Opinion and Policymaking in Europe. New York/London: Routledge, S. 56–67.

Wiedner, Jonas/Salikutluk, Zerrin/Giesecke, Johannes (2018): Arbeitsmarktintegration von Geflüchteten: Potenziale, Perspektiven und Herausforderungen. In: Flucht: Forschung und Transfer. State-of-Research Papier 07.

Wilcke, Holger (2018): Illegal und unsichtbar? Papierlose Migrant*innen als politische Subjekte. Bielefeld: transcript.

Wirth, Wolfgang/Kühne, Rinaldo (2013): Grundlagen der Persuasionsforschung. Konzepte, Theorien und zentrale Einflussfaktoren. In: Schweiger, Wolfgang/Fahr, Andreas (Hrsg.): Handbuch Medienwirkungsforschung. Wiesbaden: Springer VS, S. 313–332.

Wodak, Ruth (2016): Politik mit der Angst. Wien/Hamburg: Edition Konturen.

Wodak, Ruth (2018): Vom Rand in die Mitte – „Schamlose Normalisierung". In: Politische Vierteljahresschrift, Jg. 59/4, S. 323–335.

Wohlt, Stephanie/Barouni, Tarek/Czichy, Anika/Richter, Kristen/Silge, Kristin/Welzel, Anna Catharina (2017): „Ich bin ja nicht rechts, aber…". Eine Untersuchung zum Einfluss einer Bedrohungs- oder Bereicherungsdarstellung auf implizite und explizite Einstellungen gegenüber Flüchtlingen. In: Frindte, Wolfgang/Dietrich, Nico (Hrsg.): Muslime, Flüchtlinge und Pegida. Sozialpsychologische und kommunikationswissenschaftliche Studien in Zeiten globaler Bedrohungen. Wiesbaden: Springer VS, S. 181–218, DOI: 10.1007/978-3-658-17603-7_7.

Zimmermann, Fabian/Kohring, Matthias (2018): „Fake News" als aktuelle Desinformation. Systematische Bestimmung eines heterogenen Begriffs. In: Medien & Kommunikationswissenschaft, Jg. 66/4, S. 526–541.

Züll, Cornelia (2015). Offene Fragen. GESIS – Leibniz Institut für Sozialwissenschaften. (GESIS Survey Guidelines), DOI: 10.15465/sdm-sg_02.

ZUMA (1999): Demografische Standards. Methoden – Verfahren – Entwicklungen. Materialien und Berichte. In: Statistisches Bundesamt (Hrsg.). Wiesbaden. Online verfügbar unter: https://www.gesis.org/fileadmin/upload/dienstleistung/tools_standards/demsta99.pdf (28.08.2019).

Zwengel, Almut (2018): Zusammenleben mit Zu- und Eingewanderten. Eine Einführung in die Migrationssoziologie. Weinheim: Beltz Juventa.

Verzeichnis der journalistischen Beiträge und Quellen

Aktiv (2017): So meisterte dieser syrische Flüchtling sein erstes Ausbildungsjahr bei der Firma Kaeser. In: AKTIV Wirtschaftszeitung, 02.10.2017, online verfügbar unter: https://www.aktiv-online.de/arbeitswelt/detailseite/news/so-meisterte-dieser-syrische-fluechtling-sein-erstes-ausbildungsjahr-bei-der-firma-kaeser-11475 (29.08.2019).

AMS (2016): Asylberechtigte und subsidiär Schutzberechtigte. Online verfügbar unter: http://www.ams.at/vbg/service-arbeitsuchende/arbeitsuche/konventionsfluechtlinge-subsidiaer-schutzberechtigte (29.08.2019).

APA (2017): Nationalrat: SPÖ und ÖVO stimmen geschlossen für Integrationspaket. In: APA OTS Presseaussendung, OTS0235, 16.05.2017, online verfügbar unter: https://www.ots.at/presseaussendung/OTS_20170516_OTS0235/nationalrat-spoe-und-oevp-stimmen-geschlossen-fuer-integrationspaket (30.08.2019).

APA (2018): Medienanalyse: Migrationsdiskurs dominierte 2018 erneut die österreichische Berichterstattung. In: APA OTS0025, 17.05.2018, online verfügbar unter: https://www.ots.at/presseaussendung/OTS_20181217_OTS0025/medienanalyse-migrationsdiskurs-dominierte-2018-erneut-die-oesterreichische-berichterstattung-anhang (25.08.2019).

arbeit plus (2017): Flucht & Integration in den Arbeitsmarkt. In: arbeit plus. Soziale Unternehmen Österreich (Hrsg.): arbeit plus – Themenpapier

10/2017, online verfügbar unter: http://arbeitplus.at/wordpress/wp-content/uploads/2017/07/ThemenpapierFlucht-2017-10.pdf (30.08.2019).

Atefie, Nikolai (2018): Was bisher geschah. In: Falter 35/18, vom 29.08.2018, S. 14–15.

Bachner, Michael (2018): Nach Strache-Vorstoß: Regierung schafft Lehre für Asylwerber ab. In: Kurier.at, 27.08.2018, online verfügbar unter: https://kurier.at/politik/inland/nach-strache-vorstoss-regierung-schafft-lehre-fuer-asylwerber-ab/400100633 (25.08.2019).

Biazza, Jakob (2018): Wer „Transitzentren“ sagt, sagt auch „Asyltourismus“. In: Süddeutsche Zeitung, 03.07.2018, online verfügbar unter: http://www.sueddeutsche.de/kultur/framing-check-transitzentren-wer-transitzentren-sagt-sagt-auch-auch-asyltourismus-1.4038702 (30.08.2019).

BMDW (2018): Kleine und mittlere Unternehmen in Österreich – Facts and Figures. In: Bundesministerium Digitalisierung und Wirtschaftsstandort, online verfügbar unter: https://www.bmdw.gv.at/Unternehmen/UnternehmensUndKMU-Politik/Seiten/KleineundmittlereUnternehmeninOesterreich_FactsandFeatures.aspx (30.08.2019).

Der Standard (2017): 20.000 Personen lernten Werte. In: Der Standard, 12.04.2017, S. 10.

Der Standard (2018): Ist die Gesellschaft gespalten? In: Der Standard, online verfügbar unter: https://derstandard.at/2000090837940/Ist-die-Gesellschaft-gespalten (29.08.2019).

Die Presse (2018a): Asylwerber in Lehre: van der Bellen verärgert die FPÖ. In: Die Presse, 16.08.2018, online verfügbar unter: https://diepresse.com/home/innenpolitik/5480805/Asylwerber-in-Lehre_Van-der-Bellen-veraergert-die-FPOe (30.08.2019).

Die Presse (2018b): Leitl will 1000 Euro im Monat für jeden eingestellten Flüchtling. In: Die Presse, 01.02.2018, online verfügbar unter: https://diepresse.com/home/wirtschaft/economist/5364435/Leitl-will-1000-Euro-im-Monat-fuer-jeden-eingestellten-Fluechtling (30.08.2019).

Dorn, Sebastian/Haas, Michael (2017): Reizthema Flüchtlinge im Faktencheck. In: Merkur, 13.03.2017, online verfügbar unter: https://www.merkur.de/bayern/fluechtlinge-asylbewerber-vorurteile-faktencheck-5272361.html (29.08.2019).

Enzyklopädie der Wertvorstellungen (2018): Das Lexikon der Werte. Online abrufbar unter: https://www.wertesysteme.de/alle-werte-definitionen/ (29.08.2019).

Europarl (2018): Eurobarometer: Rekord-Zustimmung für EU. 8 von 10 Deutschen halten EU-Mitgliedschaft für eine gute Sache. In: Europäisches Parlament. Verbindungsbüro in Deutschland. Online verfügbar unter: http://

www.europarl.europa.eu/germany/de/presse-veranstaltungen/eurobarometer-september-2018 (29.08.2019).

Eurostat (2018): Durchschnittliches und Median-Einkommen nach Alter und Geschlecht – EU-SILC Erhebung. Online verfügbar unter: http://appsso.eurostat.ec.europa.eu/nui/show.do?dataset=ilc_di03&lang=de (29.08.2019).

Fluri, Lucien (2018): Ypsomed-Chef: „Den Willen, effizienter zu werden, vermisse ich in der Politik." In: Solothurner Zeitung, 03.03.2018, online verfügbar unter: https://www.solothurnerzeitung.ch/solothurn/kanton-solothurn/ypsomed-chef-den-willen-effizienter-zu-werden-vermisse-ich-in-der-politik-132271439 (29.08.2019).

Fulterer, Ruth (2018): Migration weit überschätzt. In: salto, 29.08.2018, online verfügbar unter: https://www.salto.bz/de/article/28082018/migration-weit-ueberschaetzt (29.08.2019).

Gaulhofer, Karl (2017): Nur wenige Flüchtlinge finden Arbeit. In: Die Presse, 17.02.2017, online verfügbar unter: https://diepresse.com/home/wirtschaft/economist/5171616/Nur-wenige-Fluechtlinge-finden-Arbeit (29.08.2019).

Goldmann, Fabian (2018): „Flüchtlinge" passt besser als „Geflüchtete". In: Deutschlandfunkkultur, 29.08.2018, online verfügbar unter https://www.deutschlandfunkkultur.de/sprachkritik-fluechtlinge-passt-besser-als-gefluechtete.1005.de.html?dram:article_id=427095 (30.08.2019).

Hofer, Jürgen/Mey, Stefan (2018): Media Analyse 2017: Das sind die aktuellen Daten. In: www.horizont.at, 05.04.2018, online verfügbar unter https://www.horizont.at/home/news/detail/media-analyse-2017-das-sind-die-aktuellen-daten.html (29.08.2019).

Höller, Christian (2018): Flüchtlinge am Arbeitsmarkt: Österreich ist besonders stark betroffen. In: Die Presse, 20.06.2018, online verfügbar unter: https://diepresse.com/home/wirtschaft/economist/5450139/Fluechtlinge-am-Arbeitsmarkt_Oesterreich-ist-besonders-stark (29.08.2019).

Jäger, Margarete (2015): Guter Flüchtling – schlechter Flüchtling? Im Gespräch mit Dieter Kassel. In: Deutschlandfunkkultur, 04.09.2015, online verfügbar unter: www.deutschlandfunkkultur.de/fluechtlingsdiskurs-guter-fluechtling-schlechter-fluechtling.1008.de.html?dram:article_id=330138 (29.08.2019).

Kleine Zeitung (2017): Die Themen Flucht und Asyl dominieren die Berichterstattung. In: kleinezeitung.at, 31.07.2017, online verfügbar unter: https://www.kleinezeitung.at/kultur/medien/5261391/Medienanalyse_Die-Themen-Flucht-und-Asyl-dominierten-Berichterstattung (29.08.2019).

Klesmann, Martin (2016): Lehrerin könnte Berliner Neutralitätsgesetz kippen. In: Berliner Zeitung, 14.04.2016, online verfügbar unter: https://www.berliner-zeitung.de/berlin/

lehrerin-koennte-berliner-neutralitaetsgesetz-kippen-23881990 (29.08.2019).

Kreppel, Antonia (2018): Gespaltene Gesellschaft. Österreich ein Jahr nach der Wahl. In: Deutschlandfunk, 13.10.2018, online verfügbar unter: https://www.deutschlandfunk.de/gespaltene-gesellschaft-oesterreich-ein-jahr-nach-der-wahl.922.de.html?dram:article_id=424748 (29.08.2019).

Kurier (2018a): 22.000 Teilnehmer an Wertekursen im ersten Pflicht-Jahr. In: Kurier.at, 09.06.2018, online verfügbar unter: https://kurier.at/politik/inland/22000-teilnehmer-an-wertekursen-im-ersten-pflicht-jahr/400048286 (29.08.2019).

Lecheler, Sophie (2018): „Fake News": Warnung vor „Faktor Mensch". Ein Experteninterview geführt von Elke Ziegler. In: Ö1-Wissenschaft, online verfügbar unter: https://science.orf.at/stories/2899840/ (29.08.2019).

Lingens, Peter Michael (2018): Sebastian Kurz als kühler Macher. In: Falter 27/18, 04.07.2018, online verfügbar unter: https://www.falter.at/archiv/FALTER_20180704CB6E47FA45/sebastian-kurz-als-kuhler-macher (29.08.2019).

MA 17 (2017): 4. Wiener Integrations- & Diversitätsmonitor 2013 – 2016. Herausgegeben von der Stadt Wien, online verfügbar unter: https://www.wien.gv.at/-menschen/integration/pdf/monitor-2016-kurzfassung.pdf (29.08.2019).

Mayr, Peter (2018): Kopftuchdebatte: Sorge, dass Mädchen nur „Spielball" sind. In: Der Standard.at, 14.05.2018, online verfügbar unter: https://derstandard.at/2000079659404/Kopftuchdebatte-Sorge-dass-Maedchen-nur-Spielball-sind (29.08.2019).

Meinhart, Edith (2017): Flüchtlingspolitik bei der Nationalratswahl: Im Wendekreis des Stacheldrahts. In: Pofil.at, 20.10.2017, online verfügbar unter: https://www.profil.at/oesterreich/fluechtlingskrise-nationalratswahl-8383004 (29.08.2019).

NÖN (2018): AMS NÖ sagt unwilligen Arbeitslosen den Kampf an. In: NÖN.at, 09.06.2018, online verfügbar unter: https://www.noen.at/niederoesterreich/wirtschaft/erhebungsdienst-kommt-ams-noe-sagt-unwilligen-arbeitslosen-den-kampf-an-ams-sven-hergovich-arbeitslose-arbeitslosenzahlen-97598577# (29.08.2019).

ÖIF (2014): Fact Sheet 07. Aktuelles zu Migration und Integration. Integration in der Medienwelt. In: Österreichischer Integrationsfond. Wien.

Pallinger, Jakob (2018): Flüchtlinge auf der Suche nach Arbeit: Gekommen, um zu bleiben. In: Der Standard, 02.08.2018, online verfügbar unter: https://derstandard.at/2000084647254/

Fluechtlinge-auf-der-Suche-nach-Arbeit-Gekommen-um-zu-bleiben (29.08.2019).

Plasser, Fritz/Sommer, Franz (2017): Richtungswahl 2017. Determinanten und Motive der Wahlentscheidung 2017. Online verfügbar unter: https://politische-akademie.at/userfiles/-files/downloads/Determinanten_und_Motive_der_Wahlentscheidung.pdf (29.08.2019).

profil.at (2017): Zitate des Jahres: „Sebastian ist der Held des Abends". In: profil.at, 28.12.2017, online verfügbar unter: https://www.profil.at/shortlist/oesterreich/zitate-jahres-innenpolitik-8592417 (30.08.2019).

Q1 (2017): Österreichische Medienlandschaft: Klein, konzentriert, kontrolliert, 02.07.2017, online verfügbar unter: https://oe1.orf.at/artikel/633592 (30.08.2019).

Rath, Otto (2016): Ein Jahr Werte- und Orientierungskurse. In: Erwachsenenbildung.at, 25.11.2016, online verfügbar unter: https://erwachsenenbildung.at/aktuell/nachrichten_details.php?nid=11202 (30.03.2019).

Riedl, Joachim (2017): Kurz erobert die Hegemonie der Rechten zurück. In: Zeit Online, 15.10.2018, online verfügbar unter: https://www.zeit.de/politik/ausland/2017-10/nationalratswahl-oesterreich-spoe-oevp-fpoe-regierungswechsel (29.08.2019).

Sator, Andreas (2016): Wirtschaft will Förderungen für Flüchtlingsjobs. In: Der Standard, 25.01.2016, online verfügbar unter: https://derstandard.at/2000029795402/Industrie-will-Praemien-fuer-Firmen-die-Fluechtlinge-einstellen (30.08.2019).

Schwenkenbecher, Jan H. (2015): So lassen sich Vorurteile abbauen. In: Süddeutsche Zeitung, 29.09.2015, online verfügbar unter: http://www.sueddeutsche.de/wissen/fluechtlinge-wie-sich-vorurteile-abbauen-lassen-1.2661020 (30.03.2019).

statista (2018): Reichweite einzelner Tageszeitungen in Österreich nach Anzahl der Leser in den Jahren 2016 und 2017 (in 1.000). In: statista. Das Statistik-Portal, online verfügbar unter: https://de.statista.com/statistik/daten/studie/307114/umfrage/tageszeitungen-in-oesterreich-nach-anzahl-der-leser/ (30.08.2019).

Statistik Austria (2017): Migration und Integration. Zahlen. Daten. Indikatoren 2017. Wien.

SWS (2016): SWS Bildstatistiken. Einstellungen der ÖsterreicherInnen zur Flüchtlingssituation. In: SWS Rundschau, Jg. 56/3, S. 363–370.

Szigetvari, András (2018): Regierung fixiert Ende der Lehre für Asylwerber. In: Der Standard, 26.08.2018, online verfügbar unter: https://derstandard.

at/2000086070416/FPOe-will-Zugang-zur-Lehre-fuer-Asylwerbern-wieder-verbieten (30.08.2019).

Thalhammer, Anna (2017): FPÖ-Programm: Keine Integration für Flüchtlinge. In: Die Presse, 13.09.2017, online verfügbar unter: https://diepresse.com/home/innenpolitik/nationalratswahl/5285049/FPOeProgramm_Keine-Integration-fuer-Fluechtlinge (30.08.2019).

Tiefenthaler, David (2015): Wenn Menschen zur „Flut" werden. In: ORF.at, 05.08.2015, online verfügbar unter: http://orf.at/stories/2292457/2292454/ (30.08.2019).

Tiroler Tageszeitung (2017): Flüchtlinge 2017 erneut stärkstes Thema in Zeitungen. In: tt.com, 13.12.2017, online verfügbar unter: http://www.tt.com/kultur/medien/13781562-91/fl%C3%BCchtlinge-2017-erneut-st%C3%A4rkstes-thema-in-zeitungen.csp (30.08.2019).

Ulrich, Andreas (2014): Medien in Österreich. In: Bundeskanzleramt (Hrsg.). Online verfügbar unter: http://archiv.bundeskanzleramt.at/DocView.axd?CobId=57669 (30.08.2019).

Volkstheater (2018): Gutmenschen. Online verfügbar unter: http://www.volkstheater.at/-stueck/gutmenschen/ (30.08.2019).

Wertforschung (2018): Europäische Wertestudie (EVS), online verfügbar unter: (URL https://www.werteforschung.at/projekte/europaeische-wertestudie/) (30.08.2019).

Wittfeld, Marion (2019): Zugang zum Arbeitsmarkt: Geflüchtete haben es schwer. In: Medienportal der Universität Wien, online verfügbar unter: https://medienportal.univie.ac.at/uniview/forschung/detailansicht/artikel/gefluechtete-haben-erschwerten-zugang-zum-arbeitsmarkt/ (29.08.2019).

IX ANHANG

Datenkorpus für die Diskursanalyse

Tab. 18 *Übersicht über die Bildtypen*

Kategorie des Bildes	Typ	Im Boulevard	Gesamt
Politiker*innen	1	4	19
Grafiken/Tabellen	2		13
Junge Männer die vermeintlich einen Migrationshintergrund haben	3		3
AMS	4		-
Während der Ausführung einer Tätigkeit (z. B. Lehrstelle, Arztkittel)	5		9
„Religiöse Symbole" wie z. B. Kopftuch, Betende	6		2
Während der Flucht	7		2
Zeichnung/Karikatur	8	2	5
Andere	9	1	8
Lehrkurse wie Integrations-, Wertekurse	10		2
Expert*innen	11		3

Tab. 19 *Übersicht des Datenkorpus*

1) Hagen, Lara (17.10.2015): Hunderte Bewerbungen, keine Antworten. In: Der Standard, S. K1 (Typ 5).
2) Urschitz, Josef (16.10.2015): Leben mit der Arbeitslosigkeit. In: Die Presse, S. 16 (Typ 5).
3) John, Gerald (15.10.2015): Wir brauchen ein Paket, nicht nur Kosmetik. In: Der Standard, S. 3 (Typ 1; 2).
4) Szi, APA (15.10.2015): Loch auf, Loch zu bei der Entwicklungszusammenarbeit. In: Der Standard, S. 3 (Typ 2).
5) Bachner, Michael (15.10.2015): Nicht wenige Risiken im Budget. In: Der Kurier, S. 2 (Typ 2).
6) Amon, Michael (15.10.2015): Die Sehnsucht nach der starken Hand. In: Die Presse, S. 26 (Typ 8).
7) APA red (15.10.2015): Mit langer Reform-„Puste". In: Die Presse, S. 3 (Typ 1).

(*fortgeführt*)

Tab. 19 Fortsetzung

8) Schnauder, Andreas (14.10.2015): Ausländerbeschäftigung wächst rasant. In: Der Standard, S. 17 (Typ 7).
9) Schmidinger, Thomas (14.10.2015): Die grosse Chance. In: Falter, S. 20–21 (Typ 7).
10) Pichler, Michael (14.10.2015): Freier Arbeitsmarkt für Flüchtlinge. In Kronen Zeitung, S. 25 (Typ 9).
11) Jil/ag (14.10.2015): Arbeitslosigkeit noch lang hoch. In: Die Presse, S. 16 (Typ 2).
12) jub (10.10.2015): Gebildete Flüchtlinge müssen unter Qualifikation arbeiten. In: Der Standard.*
13) Breit, Lisa (10./11.10.2015): Digitale Bildung für mehr Chancengleichheit?. In: Der Standard, K7 (Typ 9).
14) Ettinger, Karl (10.10.2015): Integrationsjahr: Geld für 1000 Asylberechtigte. In: Die Presse, S. 8.*
15) Go_nw (07.10.2015): Neue Lehrberufe für Flüchtlinge. In: Der Standard, S. 8.*
16) bri (05.10.2015): Warnung vor Verfahrensflut durch Asylpläne. In: Der Standard, S. 6 (Typ 9).
17) – (05.10.2015): „Die Flüchtlingskrise als Turbo verwenden". In: Kurier, S. 14.*
18) Winroither, Eva (05.10.2015): Wien trägt zwei Drittel der Last. In: Die Presse, S. 1.*
19) Schmitt, Richard (26.11.2015): Warum niemand sagt, was sich sehr leicht ausrechnen lässt – und wer vor den Folgen der Asyl-Krise warnt. In: Kronen Zeitung, S. 32.*
20) Hodoschek, Andrea (24.11.2015): Flüchtlinge als Chance für Europa. In: Kurier, S. 14 (Typ 5).
21) Schmitt, Christian (24.11.2015): Kurz-Plan. In: Kronen Zeitung, S. 30 (Typ1).
22) red (24.11.2015): Nationalrat beschließt Integrationsjahr und Bonus-Malus. In: Der Standard, S. 7.*
23) Mauch, Uwe (22.11.2015): Zwei Welten – ein Beruf. In: Kurier, S. 32 (Typ 9).
24) Nagl, Siegfried (22.11.2015): Ich erwarte mir. In: Kronen Zeitung, S. 24 (Typ 1).
25) Wallentin, Tassilo (22.11.2015): Falsche Zahlen. In: Kronen Zeitung (Typ 8).
26) APA, spri (21.11.2015): Gerangel um Integrationstopf. In: Der Standard, S. 14 (Typ 9).
27) Hagen, Lara (21.11.2015): Lehrstellen als Chance für Flüchtlinge. In: Der Standard, S. 2.*
28) Pink, Oliver (20.11.2015): Die Banlieue der Insel der Seligen. In: Die Presse, S. 2.*
29) Prior, Thomas/Weiser, Ulrike (20.11.2015): Presse. In: Die Presse, S. 1 (Typ 1).
30) – (20.11.2015): Bald Heimatkunde oder Strafe? In: Kronen Zeitung, S. 10 (Typ 1).
31) Völker, Michael (20.11.2015): Integration sucht Flüchtlinge. In: Der Standard, S. 2.*
32) Brickner, Irene (20.11.2015): Schöne Worte, offene Finanzierungsfragen. In: Der Standard, S. 2 (Typ 10).
33) – (20.11.2015): Sprach-, Wertekurse und individuelle Integrationspläne. In: Der Standard, S. 2 (Typ 1; 11).
34) – (20.11.2015): Kurz knüpft Sozialleistungen an Integration. In: Der Standard, S. 1.*

Tab. 19 Fortsetzung

35) Butterweck, Hellmut (19.11.2015): Fortschritt der Technik ist kein Hoffnungsanker. In: Die Presse, S. 31.*
36) Rief, Norbert (17.11.2015): Budget: Ausnahme für Flüchtlinge. In: Die Presse, S. 15 (Typ 9).
37) Szigetvari, András (17.11.2015): Ein Erlass, der den Arbeitsmarkt abriegelt. In: Der Standard, S. 16 (Typ 5).
38) Bachner, Michael (15.11.2015): Puls4: Flüchtlinge. In: Kurier, S. 32 (Typ 1).
39) Ertl, Josef (15.11.2015): „In einer neuen politischen Welt". In: Kurier, S. 2 (Typ 1).
40) Sileitsch-Parzer, Hermann (14.11.2015): Konjunktur schleppt sich dahin. In: Kurier, S. 13 (Typ 9).
41) Urschitz, Josef (14.11.2015): Findet die Regierung jetzt langsam in die Realität zurück?. In: Die Presse, S. 17.*
42) Bonavida, Iris (14.11.2015): Ein Grenzzaun light – mit ausziehbaren Stacheldraht. In: Die Presse, S. 2 (Typ 2).
43) Thalhammer, Anna/et al. (14.11.2015): Was im rot-grünen Pakt steht. In: Die Presse, S. 1 (Typ 2).
44): as (14.11.2015): IWF: Arbeit für Flüchtlinge, Qualifikationen anerkennen. In: Der Standard, S. 29 (Typ 2).
45) re (14./15.11.2015): Österreich baut vorerst kurzen Grenzzaun in Spielfeld. In: Der Standard, S. 1.*
46) Hodoschek, Andrea (13.11.2015): Wohnbauförderung: AK-Muhm für Flexibilität. In: Der Kurier.*
47) APA, red (01.02.2016): Grünes Licht für Abschiebungen mit Hercules-Flugzeugen. In: Die Presse, S. 2.*
48) Red, APA (01.02.2016): Anschober fürchtet Kahlschlag. In: Der Standard, S. 7 (Typ 1).
49) John, Gerald (30.01.2016): „Vor der Neiddebatte der ÖVP graust mir". In: Der Standard, S. 11 (Typ 1).
50) Szigetvari, András (29.01.2016): Fehlende Integration ist Gift für die Gesellschaft. In: Der Standard, S. 20 (Typ 5).
51) Szi (29.01.2016): Viele Hürden und früher Handlungsbedarf. In: Der Standard, S. 20 (Typ 2).
52) Böhm, Wolfgang (28.01.2016): In Europa stieg die Zuwanderung um ein Drittel. In: Die Presse, S. 4 (Typ 2).
53) Klenk, Florian (27.01.2016): Wieso Österreich bei der Bewältigung der Flüchtlingskrise nicht versagt hat. In: Falter, S. 5 (Typ 1).
54) Zirm, Jakob (27.01.2016): Industrie: Kombination für Flüchtlinge. In: Die Presse, S. 15 (Typ 5).
55) pri (27.01.2016): Integration kann vor Abschiebung schützen. In: Die Presse, S. 2.*

(*fortgeführt*)

Tab. 19 Fortsetzung

56) Sator, Andreas (27.01.2016): Wirtschaft will Geld für Flüchtlingsjobs. In: Der Standard, S. 17 (Typ 5).

57): red (27.01.2016): Brüssel: 60 Prozent der Flüchtlinge sind Wirtschaftsmigranten. In: Der Standard, S. 1.*

58) Hacker-Walton, Philipp (25.01.2016): So schaffen wir das. In: Kurier, S. 3 (Typ 7).

59) Hacker-Walton, Philipp (24.01.2016): Vorbild Deutschland: Häupl fordert früheren Integrationsstart. In: Kurier, S. 6 (Typ 1).

60) Wallentin, Tassilo (24.01.2016): Die Parallelgesellschaft in Brüssel. In: Kronen Zeitung, S. 12 (Typ 8).

(61) Schwaiger, Gerald (22.01.2016): „Wer hier bleiben will, muss sich auch an unsere Regeln halten". In: Kronen Zeitung, S. 24 (Typ 1).

62) Oswald, Günther/Weißensteiner, Nina (21.01.2016): Ein grenzwertiger Gipfel. In: Der Standard, S. 3 (Typ 1).

63) András Szigetvari (21.01.2016): IWF-Experten: Österreich soll Jobmarkt öffnen. In: Der Standard, S. 4 (Typ 2; 3).

64) Völker, Michael (20.01.2016): „irgendwann muss Vernunft einkehren". In: Der Standard, S. 3 (Typ 1).

65) Friedlmayer, Ines (05.10.2017): Win-win-Situation für beide Seiten. In: Kurier, S. 4 (Typ 1; 9).

66) Höller, Christian (03.10.2017): Werden die AMS-Zahlen beschönigt? In: Die Presse, S. 15 (Typ 2).

67) – (03.10.2017): 4,3 Prozent weniger Arbeitslose. In: Kurier, S. 11.*

68) Kittner, Daniela (30.08.2018): Unmut in Landeskammern über Ämtermulti Harald Mahrer. In: Kurier, S. 5 (Typ 1).

69) Imara, Salma/Novotny, Maik (29.08.2018): Willkommen in Klein-Damaskus, willkommen in Wien. In: Falter, S. 40–42 (Typ 3).

70) Atefie, Nikolai (29.08.2018): Was bisher geschah. In: Falter, S. 14–15 (Typ 2).

71) Hamann, Sibylle (29.08.2018): Harte Landung. In Falter, S. 10–13 (Typ 6; 8).

72) Imara, Salma (29.08.2018): Nehmen Asylwerber anderen die Lehrplätze weg, Herr Pinter? In: Falter, S. 9.*

73) Höller, Christian/Prior, Thomas (29.08.2018): Wen das Ende der Lehre trifft. In: Die Presse, S. 1 (Typ 2).

74) Eko, APA (28.08.2018): „Jahrelang untätig herumsitzen". In: Die Presse, S. 1.*

75) Szigetvari, András (28.08.2018): Die Lehre als politisches Kampfgebiet. In: Der Standard, S. 2 (Typ 5).

76) – (28.08.2018): Heftige Kritik an Streichung der lehre für Asylbewerber. In: Der Standard, S. 1 (Typ 5).

77) Kopeinig, Margaretha (27.08.2018): Rückführungen in Wirtschaftszonen. In: Kurier, S. 3 (Typ 1).

Tab. 19 Fortsetzung

78) Gaulhofer, Karl (27.08.2018): Regierung versperrt Asylwerbern den Zugang zu einer Lehre. In: Die Presse, S. 6.*
79) Arora, Steffen (27.08.2018): Kritik an Kürzungen in der Asylbetreuung. In: Der Standard, S. 10 (Typ 9).
80) Pommer, Michael (26.08.2018): Deutsch-Check bei Flüchtlingen. In: Kronen Zeitung, S. 26 (Typ 10).
81) Maier, Ferry (25.08.2018): Österreich braucht einen New Integration Deal. In: Der Standard, S. 39 (Typ 6).
82) Binder, Jeanine (24.08.2018): „Wir reparieren die Fehler des Schulsystems". In: Die Presse, S. 13 (Typ 11).
83) Szigetvari, András (24.08.2018): „Deutlicher Anstieg bei Arbeitslosengeld Sperren". In: Der Standard, S. 15 (Typ 11).
84) Höller, Christian (22.08.2018): Afghanen finden leichter einen Job. In: Die Presse, S. 9 (Typ 2).

Bildtyp-Angabe in Klammern (Typ xy); Artikel ohne Bilder sind mit * versehen.

Erhebungsinstrument: Online-Fragebogen

Seite 01
ZG

Seite 02
Einleitung

Sehr geehrte Studienteilnehmerin, sehr geehrter Studienteilnehmer,

ich bin **Studierender der Universität Wien,** der sich im Rahmen seiner

Journalismus Abschlussarbeit mit der Qualität der journalistischen Aufarbeitung von

Arbeitsmarktdarstellungen in österreichischen Zeitungen beschäftigt.

Hierfür wird Ihnen ein **kurzer Artikel** zum Thema Arbeitsmarkt gezeigt.

Ihre persönliche Sicht auf den folgenden Artikel ist von großem Wert für die

Studie, um künftige Zeitungsartikel leserfreundlicher zu gestalten.

Deshalb lade ich Sie ein, an dieser wichtigen Befragung teilzunehmen.

Die Teilnahme ist **freiwillig** und dauert **ca. 5 Minuten**.

Die Umfrage wird rein elektronisch mit der Befragungssoftware SoSci Survey

durchgeführt und die Daten werden sicher auf den Servern der Universität Wien

gespeichert. Die Daten werden anonymisiert erfasst, verschlüsselt abgelegt und streng

vertraulich behandelt.

Unter allen Teilnehmenden wird am Ende der Befragung ein **AMAZON GUTSCHEIN** im Wert

von **20 EURO** verlost!

Vielen Dank für Ihre Teilnahme!

Seite 03
Demographie

Zunächst möchte ich Sie bitten, einige Angaben zu ihrer Person anzugeben. Die Daten werden **streng vertraulich** behandelt und **anonymisiert**.

Sie dienen ausschließlich wissenschaftlichen Zwecken.

Vielen Dank!

Seite 04
SD 1

1. Welches Geschlecht haben Sie?

- ○ weiblich
- ○ männlich
- ○ anderes
- ○ Möchte keine Angabe machen

2. Wie alt sind Sie?

[Bitte auswählen]

3. Welche Staatsbürgerschaft haben Sie?

- ○ Österreich
- ○ Deutschland
- ○ EU-Andere
- ○ Nicht-EU
- ○

Seite 05

4. In welchem Land, in welcher Region sind Ihre Eltern geboren und aufgewachsen?
Wenn Ihre Eltern aus verschiedenen Regionen kommen klicken Sie bitte die jeweils zutreffenden Regionen an.

- ☐ Österreich
- ☐ Europa
- ☐ Türkei
- ☐ Naher Osten
- ☐ Andere

Seite 06

5. Welches ist der höchste Bildungsabschluss, den Sie haben?

- ○ Noch in der Schule
- ○ Schule beendet ohne Abschluss
- ○ AHS Unterstufe/Neue Mittelschule
- ○ Polytechnische Oberstufe
- ○ Berufsschule
- ○ BMS Fachhochschulreife
- ○ BHS, HTL, HAK, HLW
- ○ AHS
- ○ Fachhochschule
- ○ Universität
- ○ Anderer Abschluss __________

Seite 07
SD 2

6. Was machen Sie beruflich?

- ○ Schüler/in
- ○ In Ausbildung
- ○ Student/in
- ○ Angestellte/r
- ○ Beamte/r
- ○ Selbstständig
- ○ Arbeitslos/Arbeit suchend
- ○ In Pension
- ○ Anderes __________

Seite 08
Erwerb

7. Sind Sie momentan erwerbstätig?

- ○ Ja, ich bin unbefristet Vollzeit erwerbstätig.
- ○ Ja, ich bin befristet Vollzeit erwerbstätig.
- ○ Ja, ich bin unbefristet Teilzeit erwerbstätig (bis 30h).
- ○ Ja, ich bin befristet Teilzeit erwerbstätig (bis 30h).
- ○ Ich bin Fallweise beschäftigt.
- ○ Ich arbeite auf geringfügiger Basis (bis 420 Euro).
- ○ Nein, ich bin nichts von alledem.

Seite 09
SES

8. Wie hoch ist Ihr monatliches Haushalts-Nettoeinkommen insgesamt?

Mit Netto Monats-Haushaltseinkommen ist die Summe gemeint, die sich aus Lohn, Gehalt, Einkommen aus selbständiger Tätigkeit (inklusive 13. und 14. Monatsgehalt) und/oder Pension von allen Haushaltsmitgliedern jeweils nach Abzug der Steuern und Sozialversicherungsbeiträge ergibt.

Ihre Angabe wird – wie auch alle anderen Angaben in diesem Interview – selbstverständlich vollständig anonym gehalten, so daß keinerlei Rückschlüsse auf Sie selbst möglich sind. Die Ergebnisse der Umfrage sollen u.a. nach dem Einkommen ausgewertet werden.

- ○ 1 = bis ca. 1235 Euro
- ○ 2 = bis ca. 1650 Euro
- ○ 3 = bis ca. 2885 Euro
- ○ 4 = bis ca. 4125 Euro
- ○ 5 = mehr als 4125 Euro

Seite 10
Wert

9. Ich beschreibe Ihnen einige fiktive Personen und möchte Sie bitten, mir anhand dieser Liste anzugeben, wie sehr Ihnen diese gleicht oder nicht gleicht.

	gleicht mir gar nicht	gleicht mir nicht	gleicht mir	gleicht mir sehr
Es ist ihm/ihr wichtig, in einer sicheren Umgebung zu leben. Er/Sie vermeidet alles, was seine/ihre Sicherheit gefährden könnte.	○	○	○	○
Es ist ihm/ihr wichtig, den Menschen in seiner/ihrer Umgebung zu helfen. Er/Sie möchte sich um deren Wohlergehen sorgen.	○	○	○	○
Es ist ihm/ihr wichtig, ein anständiges Leben zu führen. Er/Sie möchte alles vermeiden, was Leute als Fehltritt bezeichnen können.	○	○	○	○
Er/Sie ist überzeugt, dass sich die Menschen um ihre Umwelt kümmern sollen.	○	○	○	○
Tradition sind ihm/ihr wichtig. Er/Sie möchte jene Sitten und Gebräuche befolgen, die ihm/ihr durch Religion oder die Familie überliefert wurden.	○	○	○	○

Seite 11
uebergang

Sie werden im Folgenden einen kurzen aktuellen Artikel einer österreichischen Tageszeitung lesen.

Bitte lesen Sie sich den Artikel in Ruhe durch und klicken dann auf "weiter".

Seite 12
S1

text('Artikel')

Seite 13

10. Welche Emotionen ruft der Artikel in Ihnen hervor?
Bitte geben Sie für jede Emotion die jeweilige Stärke an!

	gar nicht	schwach	einigermaßen	stark	sehr stark
Zufriedenheit	○	○	○	○	○
Mitgefühl	○	○	○	○	○
Begeisterung	○	○	○	○	○
Hoffnung	○	○	○	○	○
Ärger	○	○	○	○	○
Angst	○	○	○	○	○
Traurigkeit	○	○	○	○	○

Seite 14
MC

11. Wie hat Ihnen der Artikel stilistisch gefallen?

○ sehr gut
○ eher gut
○ weder noch
○ eher schlecht
○ sehr schlecht

12. Wie authentisch haben Sie den Artikel als Beitrag eines Qualitätsmediums empfunden?

○ sehr authentisch
○ authentisch
○ weniger authentisch
○ sehr unrealistisch

Seite 15

13. Inwiefern stimmen Sie folgender Aussage zu, dass der Zugang zum Lehrstellenmarkt eine gute Möglichkeit für Flüchtlinge darstellt sich in den Arbeitsmarkt zu integrieren?

○	○	○	○	○	○
Stimme gar nicht zu	Stimme nicht zu	weder noch	Stimme zu	Stimme voll und ganz zu	kann ich nicht beurteilen

Seite 16

14. Inwiefern stimmen Sie folgender Aussage zu, dass lokale Initiativen, wie die von kleinen oder mittelständischen Unternehmen, helfen, die Integration von Flüchtlingen in die österreichische Gesellschaft zu fördern?

○	○	○	○	○	○
Stimme gar nicht zu	Stimme nicht zu	Weder noch	Stimme zu	Stimme voll und ganz zu	kann ich nicht beurteilen

Seite 17

15. Inwiefern stimmen Sie folgender Aussage zu, dass Diversität ein Gewinn für den österreichischen Arbeitsmarkt darstellt?

○	○	○	○	○	○
Stimme gar nicht zu	Stimme nicht zu	Weder noch	Stimme zu	Stimme voll und ganz zu	kann ich nicht beurteilen

Seite 18

16. Wie häufig haben Sie Kontakt mit Flüchtlingen?

○	○	○	○	○	○
Sehr oft (Mehrmals die Woche)	Oft (Einmal die Woche)	Eher selten (2-3 mal im Monat)	Selten (1 mal im Monat oder weniger)	Nie	Kein Wissen

17. Wenn Sie Kontakt mit Flüchtlingen haben, wo findet dieser Kontakt statt?
Mehrfachantworten sind möglich!

- ☐ Beruflich
- ☐ Privat/Freundschaftich
- ☐ Im Ehrenamt
- ☐ Im Verein (Sport, Kunst, Musik, Politik...)
- ☐ Im Sprachtandem
- ☐ Auf der Straße/Supermarkt
- ☐ Gar keinen Kontakt

Seite 19

18. Wie würden Sie sich politisch verorten?

Bitte nützen Sie den Schieberegler um sich von politisch „links" bis politisch „rechts" zu verorten!

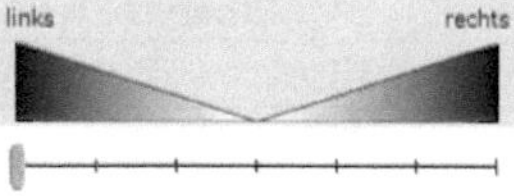

Seite 20

19. Möchten Sie zu dieser Befragung oder zum besseren Verständnis Ihrer Antworten noch etwas anmerken?

Ist Ihnen während der Teilnahme an dieser Befragung etwas negativ aufgefallen? Waren die Fragen an einer Stelle nicht klar oder war Ihnen die Beantwortung unangenehm? Bitte schreiben Sie kurz ein paar Stichworte dazu.

Seite 21

Vielen Dank für Ihre Teilnahme!

Sie haben soeben an einem **Experiment** teilgenommen, welches im Rahmen einer Magisterarbeit

am Institut für **Publizistik- und Kommunikationswissenschaft der Universität Wien** durchgeführt wurde.

Das Thema des Experimentes sind Emotionen in der politischen Kommunikationsforschung.

Ziel war es, einen Zusammenhang zwischen visuellen Darstellungen in der Flüchtlingsberichterstattung

und emotionalen Reaktionen zu untersuchen. Hierfür wurde ein gekürzter österreichischer Tageszeitungs-

artikel sowie arbeitsmarktbezogene Bilder aus Deutschland und der Schweiz miteinander kombiniert.

Die Ergebnisse werden ausschließlich im Rahmen der Forschung für die Magisterarbeit verwendet und streng **anonymisiert.**

Wenn Sie an den Ergebnissen interessiert sind, Fragen zum Experiment, Anregungen, Kritiken oder Feedback

äußern möchten, lade ich Sie ein, unter folgender Kontaktadresse zu schreiben:

fluchtforschung_2018.univie@gmx.at

Vielen Dank für Ihre Teilnahme und noch einen schönen Tag!

Test auf Normalverteilung

Tab. 20 *Test auf Normalverteilung Geschlecht*

Index	Geschlecht	Kolmogorov-Smirnov			Shapiro-Wilk		
		Statistik	df	Sign.	Statistik	df	Sign.
Positiv	F	.142	110	.000	.968	110	.010
	M	.103	92	.017	.963	92	.010
Negativ	F	.186	110	.000	.903	110	.000
	M	.177	92	.000	.885	92	.000

Tab. 21 *Test auf Normalverteilung: Einkommen*

Index	Einkommen	Kolmogorov-Smirnov			Shapiro-Wilk		
		Statistik	df	Sign.	Statistik	df	Sign.
Positiv	bis ca. 1235 Euro	.174	40	.004	.947	40	.061
	bis ca. 1650 Euro	.229	25	.002	.913	25	.036
	bis ca. 2885 Euro	.103	60	.184	.958	60	.039
	bis ca. 4125 Euro	.107	42	.200	.973	42	.408
	mehr als 4125 Euro	.140	35	.080	.937	35	.046
Negativ	bis ca. 1235 Euro	.216	40	.000	.866	40	.000
	bis ca. 1650 Euro	.267	25	.000	.871	25	.005
	bis ca. 2885 Euro	.196	60	.000	.881	60	.000
	bis ca. 4125 Euro	.217	42	.000	.796	42	.000
	mehr als 4125 Euro	.205	35	.001	.938	35	.050

Tab. 22 *Test auf Normalverteilung: Alter*

Index	Alter	Kolmogorov-Smirnov			Shapiro-Wilk		
		Statistik	df	Sign.	Statistik	df	Sign.
Positiv	19 und jünger	.298	4	.	.926	4	.572
	20 bis 24	.182	18	.116	.916	18	.109
	25 bis 29	.159	55	.001	.963	55	.086
	30 bis 34	.131	34	.151	.953	34	.147
	35 bis 39	.123	27	.200	.949	27	.200
	40 bis 44	.198	20	.039	.933	20	.174
	45 bis 49	.211	12	.147	.933	12	.408
	50 bis 54	.204	11	.200	.902	11	.193
	55 bis 59	.217	10	.200	.963	10	.817
	60 bis 69	.168	9	.200	.901	9	.259
	70 und älter	.260	2	.			
Negativ	19 und jünger	.215	4	.	.946	4	.689
	20 bis 24	.256	18	.003	.849	18	.008
	25 bis 29	.171	55	.000	.935	55	.005
	30 bis 34	.226	34	.000	.861	34	.001
	35 bis 39	.187	27	.017	.855	27	.001
	40 bis 44	.252	20	.002	.801	20	.001
	45 bis 49	.333	12	.001	.764	12	.004
	50 bis 54	.187	11	.200	.913	11	.266
	55 bis 59	.366	10	.000	.685	10	.001
	60 bis 69	.237	9	.155	.826	9	.040
	70 und älter	.260	2	.			

Manipulationscheck und Emotionale Reaktionen

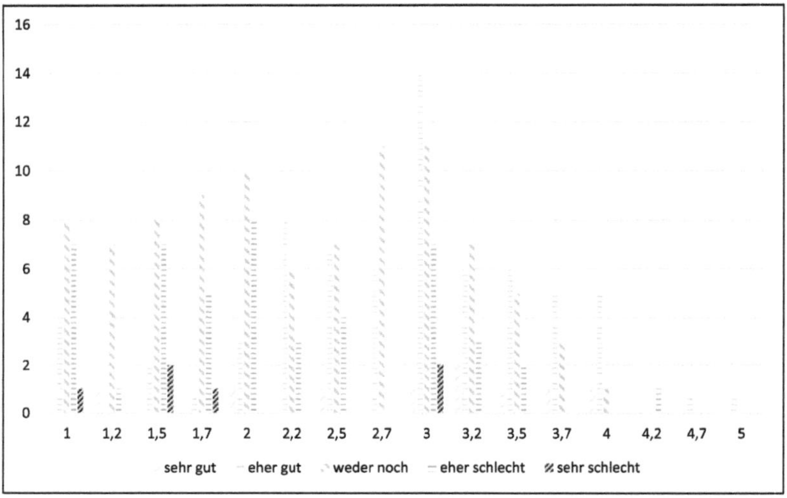

X-Achse = Index positive emotionale Stärke (1=sehr gering; 5=sehr stark); Y-Achse = absolute Anzahl der jeweiligen Nennung.

Abb. 40 *Manipulationscheck: Artikelbewertung und positive Emotionen*

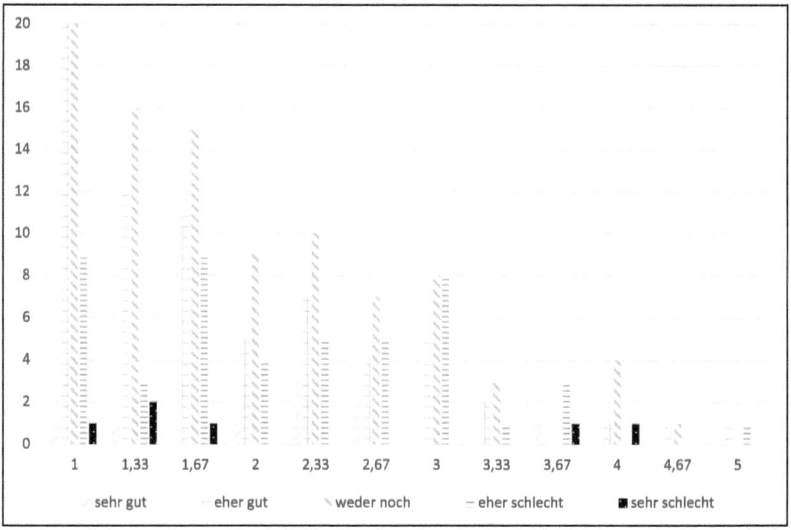

X-Achse = Index negative emotionale Stärke (1=sehr gering; 5=sehr stark); Y-Achse = absolute Anzahl der jeweiligen Nennung.

Abb. 41 *Manipulationscheck: Artikelbewertung und negative Emotionen*

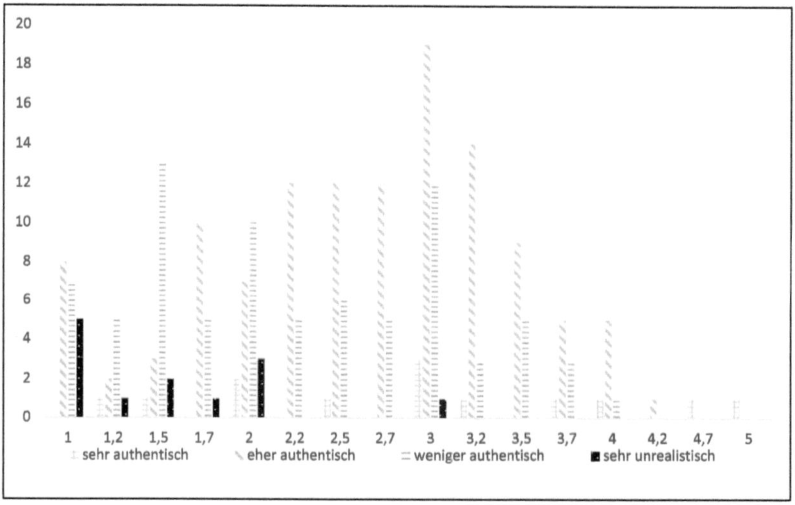

X-Achse = Index negative emotionale Stärke (1=sehr gering; 5=sehr stark); Y-Achse = absolute Anzahl der jeweiligen Nennung.

Abb. 42 *Manipulationscheck: Authentizitätsbewertung und positive Emotionen*

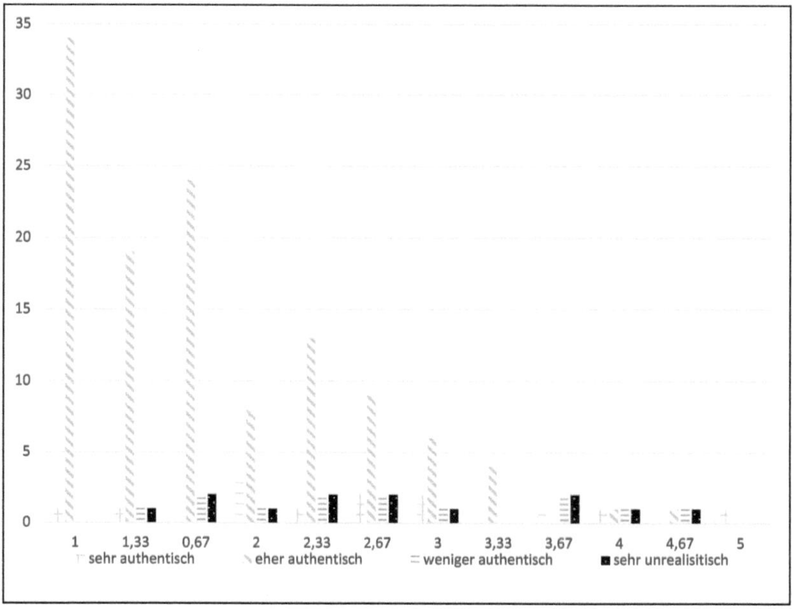

X-Achse = Index negative emotionale Stärke (1=sehr gering; 5=sehr stark); Y-Achse = absolute Anzahl der jeweiligen Nennung.

Abb. 43 *Manipulationscheck: Authentizitätsbewertung und negative Emotionen*

www.ingramcontent.com/pod-product-compliance
Ingram Content Group UK Ltd.
Pitfield, Milton Keynes, MK11 3LW, UK
UKHW041822290926
8980IPUK00002B/7

9 783631 803868